北京大學中國語言學研究中心

早期北京話珍稀文獻集成
主編 劉雲

朝鮮日據時期漢語會話書匯編
分卷主編 [韓]朴在淵 [韓]金雅瑛

「內鮮滿」最速成
中國語自通

[韓]金松圭 編著
[韓]朴在淵 [韓]金雅瑛 校注

北京大學出版社
PEKING UNIVERSITY PRESS

圖書在版編目（CIP）數據

"內鮮滿"最速成中國語自通 /（韓）金松圭編著；（韓）朴在淵,（韓）金雅瑛校注. —北京：北京大學出版社, 2017.8
（早期北京話珍本典籍校釋與研究）
ISBN 978-7-301-28299-1

Ⅰ. ①內⋯ Ⅱ. ①金⋯②朴⋯③金⋯ Ⅲ. ①北京話—研究 Ⅳ. ①H172.1

中國版本圖書館CIP數據核字（2017）第107788號

書　　　名	"內鮮滿"最速成中國語自通
	"NEI-XIAN-MAN" ZUI SUCHENG ZHONGGUOYU ZITONG
著作責任者	［韓］金松圭　編著　　［韓］朴在淵　［韓］金雅瑛　校注
責任編輯	任　蕾
韓文編輯	劉　暢
標準書號	ISBN 978-7-301-28299-1
出版發行	北京大學出版社
地　　　址	北京市海淀區成府路205號　100871
網　　　址	http://www.pup.cn　　新浪微博：@北京大學出版社
電子信箱	zpup@pup.cn
電　　　話	郵購部 62752015　發行部 62750672　編輯部 62753334
印　刷　者	北京虎彩文化傳播有限公司
經　銷　者	新華書店
	720毫米×1020毫米　16開本　14.75印張　120千字
	2017年8月第1版　2017年8月第1次印刷
定　　　價	59.00元

未經許可，不得以任何方式複製或抄襲本書之部分或全部內容。
版權所有，侵權必究
舉報電話：010-62752024　電子信箱：fd@pup.pku.edu.cn
圖書如有印裝質量問題，請與出版部聯繫，電話：010-62756370

總　序

　　語言是文化的重要組成部分，也是文化的載體。語言中有歷史。

　　多元一體的中華文化，體現在我國豐富的民族文化和地域文化及其語言和方言之中。

　　北京是遼金元明清五代國都（遼時爲陪都），千餘年來，逐漸成爲中華民族所公認的政治中心。北方多個少數民族文化與漢文化在這裏碰撞、融合，產生出以漢文化爲主體的、帶有民族文化風味的特色文化。

　　現今的北京話是我國漢語方言和地域文化中極具特色的一支，它與遼金元明四代的北京話是否有直接繼承關係還不是十分清楚。但可以肯定的是，它與清代以來旗人語言文化與漢人語言文化的彼此交融有直接關係。再往前追溯，旗人與漢人語言文化的接觸與交融在入關前已經十分深刻。本叢書收集整理的這些語料直接反映了清代以來北京話、京味兒文化的發展變化。

　　早期北京話有獨特的歷史傳承和文化底蘊，於中華文化、歷史有特別的意義。

　　一者，這一時期的北京歷經滿漢雙語共存、雙語互協而新生出的漢語方言——北京話，它最終成爲我國民族共同語（普通話）的基礎方言。這一過程是中華多元一體文化自然形成的諸過程之一，對於了解形成中華文化多元一體關係的具體進程有重要的價值。

　　二者，清代以來，北京曾歷經數次重要的社會變動：清王朝的逐漸孱弱、八國聯軍的入侵、帝制覆滅和民國建立及其伴隨的滿漢關係變化、各路軍閥的來來往往、日本侵略者的占領等等。在這些不同的社會環境下，北京人的構成有無重要變化？北京話和京味兒文化是否有變化？進一步地，地域方言和文化與自身的傳承性或發展性有着什麼樣的關係？與社會變遷有着什麼樣的關係？清代以至民國時期早期北京話的語料爲研究語言文化自身傳承性與社會的關係提供了很好的素材。

了解歷史纔能更好地把握未來。中華人民共和國成立後，北京不僅是全國的政治中心，而且是全國的文化和科研中心，新的北京話和京味兒文化或正在形成。什麼是老北京京味兒文化的精華？如何傳承這些精華？爲把握新的地域文化形成的規律，爲傳承地域文化的精華，必須對過去的地域文化的特色及其形成過程進行細緻的研究和理性的分析。而近幾十年來，各種新的傳媒形式不斷涌現，外來西方文化和國内其他地域文化的衝擊越來越强烈，北京地區人口流動日趨頻繁，老北京人逐漸分散，老北京話已幾近消失。清代以來各個重要歷史時期早期北京話語料的保護整理和研究迫在眉睫。

"早期北京話珍本典籍校釋與研究（暨早期北京話文獻數字化工程）"是北京大學中國語言學研究中心研究成果，由"早期北京話珍稀文獻集成""早期北京話數據庫"和"早期北京話研究書系"三部分組成。"集成"收録從清中葉到民國末年反映早期北京話面貌的珍稀文獻并對内容加以整理，"數據庫"爲研究者分析語料提供便利，"研究書系"是在上述文獻和數據庫基礎上對早期北京話的集中研究，反映了當前相關研究的最新進展。

本叢書可以爲語言學、歷史學、社會學、民俗學、文化學等多方面的研究提供素材。

願本叢書的出版爲中華優秀文化的傳承做出貢獻！

王洪君　郭鋭　劉雲

二〇一六年十月

"早期北京話珍稀文獻集成"序

清民兩代是北京話走向成熟的關鍵階段。從漢語史的角度看，這是一個承前啓後的重要時期，而成熟後的北京話又開始爲當代漢民族共同語——普通話源源不斷地提供着養分。蔣紹愚先生對此有着深刻的認識："特別是清初到19世紀末這一段的漢語，雖然按分期來說是屬於現代漢語而不屬於近代漢語，但這一段的語言（語法，尤其是詞彙）和'五四'以後的語言（通常所説的'現代漢語'就是指'五四'以後的語言）還有若干不同，研究這一段語言對於研究近代漢語是如何發展到'五四'以後的語言是很有價值的。"（《近代漢語研究概要》，北京大學出版社，2005年）然而國內的早期北京話研究并不盡如人意，在重視程度和材料發掘力度上都要落後於日本同行。自1876年至1945年間，日本漢語教學的目的語轉向當時的北京話，因此留下了大批的北京話教材，這爲其早期北京話研究提供了材料支撑。作爲日本北京話研究的奠基者，太田辰夫先生非常重視新語料的發掘，很早就利用了《小額》《北京》等京味兒小説材料。這種治學理念得到了很好的傳承，之後，日本陸續影印出版了《中國語學資料叢刊》《中國語教本類集成》《清民語料》等資料匯編，給研究帶來了便利。

新材料的發掘是學術研究的源頭活水。陳寅恪《〈敦煌劫餘録〉序》有云："一時代之學術，必有其新材料與新問題。取用此材料，以研求問題，則爲此時代學術之新潮流。"我們的研究要想取得突破，必須打破材料桎梏。在具體思路上，一方面要拓展視野，關注"異族之故書"，深度利用好朝鮮、日本、泰西諸國作者所主導編纂的早期北京話教本；另一方面，更要利用本土優勢，在"吾國之舊籍"中深入挖掘，官話正音教本、滿漢合璧教本、京味兒小説、曲藝劇本等新類型語料大有文章可做。在明確了思路之後，我們從2004年開始了前期的準備工作，在北京大學中國語言學研究中心的大力支持下，早期北京話的挖掘整理工作於2007年正式啓動。本次推出的"早期北京話珍稀文獻

集成"是階段性成果之一,總體設計上"取異族之故書與吾國之舊籍互相補正",共分"日本北京話教科書匯編""朝鮮日據時期漢語會話書匯編""西人北京話教科書匯編""清代滿漢合璧文獻萃編""清代官話正音文獻""十全福""清末民初京味兒小說書系""清末民初京味兒時評書系"八個系列,臚列如下:

"日本北京話教科書匯編"於日本早期北京話會話書、綜合教科書、改編讀物和風俗紀聞讀物中精選出《燕京婦語》《四聲聯珠》《華語跬步》《官話指南》《改訂官話指南》《亞細亞言語集》《京華事略》《北京紀聞》《北京風土編》《北京風俗問答》《北京事情》《伊蘇普喻言》《搜奇新編》《今古奇觀》等二十餘部作品。這些教材是日本早期北京話教學活動的縮影,也是研究早期北京方言、民俗、史地問題的寶貴資料。本系列的編纂得到了日本學界的大力幫助。冰野善寬、内田慶市、太田齋、鱒澤彰夫諸先生在書影拍攝方面給予了諸多幫助。書中日語例言、日語小引的翻譯得到了竹越孝先生的悉心指導,在此深表謝忱。

"朝鮮日據時期漢語會話書匯編"由韓國著名漢學家朴在淵教授和金雅瑛博士校注,收入《改正增補漢語獨學》《修正獨習漢語指南》《高等官話華語精選》《官話華語教範》《速修漢語自通》《速修漢語大成》《無先生速修中國語自通》《官話標準:短期速修中國語自通》《中語大全》《"內鮮滿"最速成中國語自通》等十餘部日據時期(1910年至1945年)朝鮮教材。這批教材既是對《老乞大》《朴通事》的傳承,又深受日本早期北京話教學活動的影響。在中韓語言史、文化史研究中,日據時期是近現代過渡的重要時期,這些資料具有多方面的研究價值。

"西人北京話教科書匯編"收錄了《語言自邇集》《官話類編》等十餘部西人編纂教材。這些西方作者多受過語言學訓練,他們用印歐語的眼光考量漢語,解釋漢語語法現象,設計記音符號系統,對早期北京話語音、詞彙、語法面貌的描寫要比本土文獻更爲精準。感謝郭銳老師提供了《官話類編》《北京話語音讀本》和《漢語口語初級讀本》的底本,《尋津錄》、《語言自邇集》(第一版、第二版)、《漢英北京官話詞彙》、《華語入門》等底本由北京大學圖書館特藏部提供,謹致謝忱。《華英文義津逮》《言語聲片》爲筆者從海外購回,其

中最爲珍貴的是老舍先生在倫敦東方學院執教期間,與英國學者共同編寫的教材——《言語聲片》。教材共分兩卷:第一卷爲英文卷,用英語講授漢語,用音標標注課文的讀音;第二卷爲漢字卷。《言語聲片》采用先用英語導入,再學習漢字的教學方法講授漢語口語,是世界上第一部有聲漢語教材。書中漢字均由老舍先生親筆書寫,全書由老舍先生錄音,共十六張唱片,京韵十足,殊爲珍貴。

上述三類"異族之故書"經江藍生、張衛東、汪維輝、張美蘭、李無未、王順洪、張西平、魯健驥、王灃華諸先生介紹,已經進入學界視野,對北京話研究和對外漢語教學史研究産生了很大的推動作用。我們希望將更多的域外經典北京話教本引入進來,考慮到日本卷和朝鮮卷中很多抄本字跡潦草,難以辨認,而刻本、印本中也存在着大量的異體字和俗字,重排點校注釋的出版形式更利於研究者利用,這也是前文"深度利用"的含義所在。

對"吾國之舊籍"挖掘整理的成果,則體現在下面五個系列中:

"清代滿漢合璧文獻萃編"收入《清文啓蒙》《清話問答四十條》《清文指要》《續編兼漢清文指要》《庸言知旨》《滿漢成語對待》《清文接字》《重刻清文虛字指南編》等十餘部經典滿漢合璧文獻。入關以後,在漢語這一强勢語言的影響下,熟習滿語的滿人越來越少,故雍正以降,出現了一批用當時的北京話注釋翻譯的滿語會話書和語法書。這批教科書的目的本是教授旗人學習滿語,却無意中成爲了早期北京話的珍貴記録。"清代滿漢合璧文獻萃編"首次對這批文獻進行了大規模整理,不僅對北京話溯源和滿漢語言接觸研究具有重要意義,也將爲滿語研究和滿語教學創造極大便利。由於底本多爲善本古籍,研究者不易見到,在北京大學圖書館古籍部和日本神户外國語大學竹越孝教授的大力協助下,"萃編"將以重排點校加影印的形式出版。

"清代官話正音文獻"收入《正音撮要》(高静亭著)和《正音咀華》(莎彝尊著)兩種代表著作。雍正六年(1728),雍正諭令福建、廣東兩省推行官話,福建爲此還專門設立了正音書館。這一"正音"運動的直接影響就是以《正音撮要》和《正音咀華》爲代表的一批官話正音教材的問世。這些書的作者或爲旗人,或寓居京城多年,書中保留着大量北京話詞彙和口語材料,具有極高的研究價值。沈國威先生和侯興泉先生對底本搜集助力良多,特此

致謝。

《十全福》是北京大學圖書館藏《程硯秋玉霜簃戲曲珍本》之一種，爲同治元年陳金雀抄本。陳曉博士發現該傳奇雖爲崑腔戲，念白却多爲京話，較爲罕見。

以上三個系列均爲古籍，且不乏善本，研究者不容易接觸到，因此我們提供了影印全文。

總體來說，由於言文不一，清代的本土北京話語料數量較少。而到了清末民初，風氣漸開，情況有了很大變化。彭翼仲、文實權、蔡友梅等一批北京愛國知識分子通過開辦白話報來"開啓民智""改良社會"。著名愛國報人彭翼仲在《京話日報》的發刊詞中這樣寫道："本報爲輸進文明、改良風俗，以開通社會多數人之智識爲宗旨。故通幅概用京話，以淺顯之筆，達樸實之理，紀緊要之事，務令雅俗共賞，婦稚咸宜。"在當時北京白話報刊的諸多欄目中，最受市民歡迎的當屬京味兒小說連載和《益世餘譚》之類的評論欄目，語言極爲地道。

"清末民初京味兒小說書系"首次對以蔡友梅、冷佛、徐劍膽、儒丐、勳銳爲代表的晚清民國京味兒作家群及作品進行系統挖掘和整理，從千餘部京味兒小說中萃取代表作家的代表作品，并加以點校注釋。該作家群活躍於清末民初，以報紙爲陣地，以小說爲工具，開展了一場轟轟烈烈的底層啓蒙運動，爲新文化運動的興起打下了一定的群眾基礎，他們的作品對老舍等京味兒小說大家的創作產生了積極影響。本系列的問世亦將爲文學史和思想史研究提供議題。於潤琦、方梅、陳清茹、雷曉彤諸先生爲本系列提供了部分底本或館藏綫索，首都圖書館歷史文獻閱覽室、天津圖書館、國家圖書館提供了極大便利，謹致謝意！

"清末民初京味兒時評書系"則收入《益世餘譚》和《益世餘墨》，均係著名京味兒小說家蔡友梅在民初報章上發表的專欄時評，由日本岐阜聖德學園大學劉一之教授、矢野賀子教授校注。

這一時期存世的報載北京話語料口語化程度高，且總量龐大，但發掘和整理却殊爲不易，稱得上"珍稀"二字。一方面，由於報載小說等欄目的流行，外地作者也加入了京味兒小說創作行列，五花八門的筆名背後還需考證作者是否爲京籍，以蔡友梅爲例，其真名爲蔡松齡，查明的筆名還有損、損公、退

化、亦我、梅蒐、老梅、今睿等。另一方面，這些作者的作品多爲急就章，文字錯訛很多，并且鮮有單行本存世，老報紙殘損老化的情況日益嚴重，整理的難度可想而知。

上述八個系列在某種程度上填補了相關領域的空白。由於各個系列在内容、體例、出版年代和出版形式上都存在較大的差異，我們在整理時借鑒《朝鮮時代漢語教科書叢刊續編》《〈清文指要〉匯校與語言研究》等語言類古籍的整理體例，結合各個系列自身特點和讀者需求，靈活制定體例。"清末民初京味兒小説書系"和"清末民初京味兒時評書系"年代較近，讀者群體更爲廣泛，經過多方調研和反復討論，我們決定在整理時使用簡體橫排的形式，儘可能同時滿足專業研究者和普通讀者的需求。"清代滿漢合璧文獻萃編""清代官話正音文獻"等系列整理時則采用繁體。"早期北京話珍稀文獻集成"總計六十餘册，總字數近千萬字，稱得上是工程浩大，由於我們能力有限，體例和校注中難免會有疏漏，加之受客觀條件所限，一些擬定的重要書目本次無法收入，還望讀者多多諒解。

"早期北京話珍稀文獻集成"可以説是中日韓三國學者通力合作的結晶，得到了方方面面的幫助，我們還要感謝陸儉明、馬真、蔣紹愚、江藍生、崔希亮、方梅、張美蘭、陳前瑞、趙日新、陳躍紅、徐大軍、張世方、李明、鄧如冰、王强、陳保新諸先生的大力支持，感謝北京大學圖書館的協助以及蕭群書記的熱心協調。"集成"的編纂隊伍以青年學者爲主，經驗不足，兩位叢書總主編傾注了大量心血。王洪君老師不僅在經費和資料上提供保障，還積極扶掖新進，"我們搭臺，你們年輕人唱戲"的話語令人倍感温暖和鼓舞。郭鋭老師在經費和人員上也予以了大力支持，不僅對體例制定、底本選定等具體工作進行了細致指導，還無私地將自己發現的新材料和新課題與大家分享，令人欽佩。"集成"能够順利出版還要特別感謝國家出版基金規劃管理辦公室的支持以及北京大學出版社王明舟社長、張鳳珠副總編的精心策劃，感謝漢語編輯部杜若明、鄧曉霞、張弘泓、宋立文等老師所付出的辛勞。需要感謝的師友還有很多，在此一并致以誠摯的謝意。

"上窮碧落下黄泉，動手動脚找東西"，我們不奢望引領"時代學術之新

潮流",惟願能給研究者帶來一些便利,免去一些奔波之苦,這也是我們向所有關心幫助過"早期北京話珍稀文獻集成"的人士致以的最誠摯的謝意。

劉　雲

二〇一五年六月二十三日

於對外經貿大學求索樓

二〇一六年四月十九日

改定於潤澤公館

整理說明

　　本叢書收錄的是20世紀前半葉韓國出版的漢語教材，反映了那個時期韓國漢語教學的基本情況。教材都是刻版印刷，質量略有參差，但總體上來說不錯。當然，錯誤難免，這也是此次整理所要解決的。

　　考慮到閱讀的方便，整理本不是原樣照錄（如果那樣，僅影印原本已足夠），而是將原本中用字不規範甚至錯誤之處加以訂正，作妥善的處理，方便讀者閱讀。

　　下面將整理情況作一簡要說明。

　　一、原本中錯字、漏字的處理。因刻寫者水平關係，錯字、漏字不少。整理時將正確的字用六角括號括起來置於錯字後面。如：

悠〔您〕、逳〔道〕、辨〔辦〕、兩〔雨〕、郡〔都〕、早〔旱〕、刪〔剛〕、往〔住〕、玖〔玫〕、牧〔牡〕、湖〔胡〕、衣〔做〕、長〔漲〕、瘦〔瘦〕、敝〔敞〕、泐〔沏〕、臘〔臆〕、掛〔掛〕、榻〔褐〕、紛〔粉〕、宁〔廳〕、蟕〔蛔〕、叹〔哎〕、林〔材〕、醮〔瞧〕、到〔倒〕、仙〔他〕、設〔說〕、悟〔誤〕、嗒〔瞎〕、顙〔顒〕、嚷〔讓〕、斫〔砍〕、抗〔亢〕、摟〔樓〕、遛〔溜〕、藝〔蘗〕、刃〔刀〕、歐〔毆〕、肯〔背〕、叔〔叙〕、坂〔坡〕、裹〔裏〕、炎〔災〕、正〔五〕、着〔看〕、呆〔茶〕、怜悧〔伶俐〕、邦〔那〕、尿〔屁〕、常〔當〕、師〔帥〕、撤〔撒〕、例〔倒〕、孽〔孳〕、眛〔眯〕

　　如果錯字具有系統性，即整部書全用該字形，整理本徑改。如：

"熱"誤作"摯"、"已"誤作"己"、"麼"誤作"麽"、"豐"誤作"豊"、"懂"誤作"憧/懂"、"聽"誤作"聴"、"緊"誤作"繁"

　　二、字跡漫漶或缺字處用尖括號在相應位置標出。如：

賞口〈罰〉、這口〈不〉是

　　三、異體字的處理。異體字的問題較爲複雜，它不僅反映了當時某一地域漢字使用的習慣，同時也可能提供別的信息，因此，對僅僅是寫法不同的異體

字，整理本徑改爲通行字體。如：

叫—叫	伱、儞—你	煑—煮
馱、䭾—駄	帮—幫	冐—冒
恠—怪	寃—冤	徃—往
胷—胸	櫃—櫃	鴈—雁
決—决	牀—床	鏁—鎖
硑—碰	粧—裝	箇—個
閙—鬧	鑛—礦	牆—墙
舘—館	僃—備	喒、偺、喒—咱
腸—腸	葯—藥	寶—寶
稟—禀	讃—讚	蓆—席
盃—杯	砲、礮—炮	姪—侄
窻—窗	躭—耽	欵—款
荅—答	糠—糠	踈—疏
聦—聰	賍—贜	撹—攪
餽—饋	撑—撐	躰—體
醎—鹹	垜—泥	窑—窰
滙—匯	朶—朵	擡—抬
煙—烟	賸—剩	骰—腿

以上字形，整理本取後一字。

對有不同用法的異體字，整理時加以保留。如：

疋—匹　　升—昇—陞

四、部分卷册目錄與正文不一致，整理本做了相應的處理，其中有標號舛誤之處因涉及全書的結構，整理本暫仍其舊。

目 錄

第一章 整數 [듸이쟝 정우] ········ 1
第二章 天文門 [톈원먼] ············ 1
第三章 地理門 [듸리먼] ············ 3
第四章 國都門 [귀두먼] ············ 4
第五章 官衙門 [관야먼] ············ 6
第六章 時候門 [쓱훠먼] ············ 6
第七章 親族門 ························ 8
第八章 身體門 ······················ 10
第九章 衣食門 ······················ 11
第十章 店鋪門 ······················ 12
第十一章 菜穀門 ···················· 13
第十二章 器用門 ···················· 14
第十三章 家屋門 ···················· 16
第十四章 要領助詞 ················ 16
第十五章 助詞字一覽 ············ 32
第十六章 複言이면(대로) ········ 33
第十七章 單話略解 ················ 33
第十八章 [被]動詞用例
　　　　 [뻬둥쯔융리] ············ 37
第十九章 山東과 北京音의 別 ··· 38
第二十章 形容詞應用例 ·········· 40
第二十一章 動詞應用例 ·········· 40
第二十二章 初面 ···················· 41
第二十三章 料理 ···················· 42
第二十四章 路査(旅行) ·········· 42
第二十五章 買東西 [매둥시] ··· 43

第二十六章 問病 ···················· 43
第二十七章 問路 ···················· 44
第二十八章 學生談 ················ 44
第二十九章 裁判 ···················· 45
第三十章 問職業 ···················· 46
第三十一章 年賀 [녠허] ········ 46
第三十二章 迎送 ···················· 46
第三十三章 吃飯時 [츠앤쓱] ··· 47
第三十四章 途遇 [따위] ········ 47
第三十五章 新報 [신보] ········ 48
第三十六章 合同
　　　　 [허퉁] (계약) ············ 49
第三十八章 天氣 [톈치] ········ 49
第三十八章 春夏 [춘쌰] ········ 50
第三十九章 秋冬 [츄둥] ········ 50
第四十章 買書籍 [매쓔지] ····· 51
第四十一章 買書畫 [매쓔화] ··· 51
第四十二章 買果子
　　　　 [매귀쯔] ···················· 52
第四十三章 禮拜 [리배] ········ 52
第四十四章 坐車問答
　　　　 [쭤처원따] ················ 53
第四十五章 問車時間
　　　　 [원처쓱젠] ················ 53
第四十六章 到車站 [따처짠] ··· 54
第四十七章 到客棧 ················ 54

第四十八章 開飯 [캐앤] ………… 54
第四十九章 將出棧 [쟝추짠] … 55
第五十章 上船 [썅촨] ………… 55
第五十一章 船進口 [촨진콰] … 56
第五十二章 客棧人

[커짠옌] (객주) ………… 56
第五十三章 土地問答
[투띠원따] …………… 57
第五十四章 接客 [졔커] ……… 57

"內鮮滿"最速成中國語自通（影印）……………………………………… 59

第一章 整數 [듸이장 졍쑤]

一 [이] 일
二 [얼] 이
三 [싼] 삼
四 [쓰] 사
五 [우] 오
六 [뤼] 륙
七 [치] 칠
八 [빠] 팔
九 [쥬] 구
十 [쓰] 십
百 [빼] 백
千 [쳰] 천
萬 [완] 만
萬萬 [완완] 억
兆 [쟈] 조

一個 [이거] 한 개
兩個 [량거] 두 개
一塊錢 [이쾌쳰] 일 원
一毛錢 [이만쳰] (一角兒錢) [이 교얼쳰] 십 전
四圓錢 [쓰완쳰] 사 원
八塊錢 [빠쾌쳰] 팔 원
五個字兒 [우거쯔얼] 오 전
三個銅字兒 [싼거퉁쯔얼] 삼 전
五斤鹹鹽 [우진쎈옌] 소곰 다섯 근
一把刀字 [이빠따쯔] 칼 한 자루
一斗淸醬 [이두칭쟝] 간장 한 말
三張黃紙 [싼장황즤] 마분지 석 장
二十多個 [얼쓰둬거] 이십여 개

第二章 天文門 [텐원먼]

天 [텐] 하늘
風 [엉] 바람
雨 [위] 비
霜 [쐉] 서리
雪 [쒜] 눈
露 [루] 이슬
霞 [쌰] 놀

霧 [우] 안개
烟 [옌] 연기
雷 [레] 우뢰
氣 [치] 공기(김)
電氣 [뎬치] 전기
雹子 [바쯔] 우박
雲彩 [윤채] 구름

彩虹 [채깡[홍]] 무지개
霹雷 [피레] 벼락
旋風 [쑨엉] (羊角風) [양쟈엉] 회
  호리바람
輕霜 [칭쌍] 무서리
重露〔霜〕[쭝쌍] 뒤서리
雪花 [쉐화] 눈빨
雪片 [쒜펜] 눈낫
月亮 [웨량] 달
天球 [텐춰] 천구
鬧天 [낟텐] 어슬 핀 날
好天 [핟텐] 조흔 날
陰天 [인텐] 흐린 날
晴天 [칭텐] 개인 날
天空 [텐쿵] 공중
帚星 [쟉싱] 추성(미성)
祈雨 [취위] 기우제
祈晴 [취칭] 기청제
大雨 [따위] 큰 비
細雨 [시위] 가랑 비
暴雨 [보위] 소낙이
露水珠兒 [루쉐주얼] 이슬 방울
日頭 [여투] 해
月芽 [웨야] 초생 달
圓月 [웬웨] 두렷한 달
暴風 [보엉] 폭풍
大風 [따엉] 대풍
順風 [쑨엉] 순풍
頂風 [띵엉] 역풍
東風 [둥엉] 동풍
西風 [시엉] 서풍

南風 [난엉] 남풍
北風 [뻬엉] 북풍
太陽 [태양] 태양
日蝕 [여씌] 일식
月蝕 [웨씌] 월식
風圈 [엉촨] 달무리
掛耳 [과얼] 해무리
星星 [싱싱] 별
慧〔彗〕星 [회싱] 꼬리도친 별
流星 [류싱] 유성
天河 [텐허] 은하수
北斗 [뻬둬] 북두성
濛鬆雨 [멍쏭위] 이슬비
老天爺 [랃텐예] 하느님
東南風 [둥난엉] 동남풍
東北風 [둥뻬엉] 동북풍
半陰半晴 [빤인빤칭] 반음반정
天長 [텐창] 날이 길다
打雷 [따레] 우릐한다
打閃 [따싼] 번개 친다
下雨 [쌰위] 비 온다
下雪 [쌰쒜] 눈 온다
下霧 [쌰우] 안개 낀다
下露 [쌰루] 이슬 나린다
打霜 [따쌍] 서리 친다
天晴 [텐칭] 날 든다
天陰 [텐인] 날이 흐리다
天亮 [텐량] 날이 밝다
天黑 [텐헤] 날이 어둡다
天短 [텐뚠] 날이 짜르다
雨住 [위주] 비 그친다

風住 [펑주] 바람 잔다
颱風 [퐈펑] 바람 분다

帶日下雨 [때리쌰워] 해 뜨고 비 온다

第三章 地理門 [듸리먼]

地 [듸] 땅
土 [투] 흙(먼지)
灰 [훼] 회
河 [허] 하수(내)
湖 [후] 호수
海 [해] 바다
石頭 [쓰투] 돌
沙子 [싸쯔] 모래
四海 [쓰해] 사해
五岳 [우웨] 오악
沙漠 [싸머] 사막
沙灘 [싸탄] 모래 사장
平地 [핑듸] 평지
窰窪兒 [야와얼] 웅덩이
漩窩〔渦〕[쒠워] 도래섬①
江面 [쟝몐] 강폭
海面 [해몐] 해면
海口 [해커우] 바다 어구
泥 [늬] 진흙
山 [싼] 산
嶺 [링] 고개
水 [쉬] 물
江 [쟝] 강

地動 [듸둥] 지동
地震 [듸쩐] 지진
火山 [훠싼] 화산
溫泉 [원촨] 온천
泉眼 [촨옌] 새암 구멍
磯子 [지쯔] 죄악돌②
鬆土 [쑹투] 무른 땅
硬地 [영듸] 단단한 땅
地球 [듸춰] 지구
世界 [쓰졔] 세계
山峰 [싼펑] 산봉울
坡子 [퍼쯔] 언더
金礦 [진꽝] 금광
銀礦 [인꽝] 은광
煤窰 [메야오] 석탄광
窪地 [와듸] 깊흔 땅
地勢 [듸쓰] 지세
地址 [듸즈] 터
水溝 [쉬꺼우] 수도
水坑 [쉬컹] 물구덩이(술항)
山洞子 [싼둥쯔] 산굴
斜坡子 [셰퍼쯔] 비탈
陡坡子 [떠우퍼쯔] 낭떠러지
南冰洋 [난삥양] 남빙양

---

① 도래섬: 漩窩〔渦〕. 소용돌이.
② 죄악돌: 磯子. 조약돌.

北冰洋 [뻬엉양] 북빙양
海嘯 [해쌴] 해일(海溢)
海島 [해딴] 섬
海潮 [해챤] 조수
漲潮 [장챤] 조수 는다
落潮 [란챤] 조수 빠진다
縣城 [쏀청] 읍
內城 [네청] 내성
外城 [왜청] 외성
城裏 [청리] 성안
城外 [청왜] 성밖
瀑布 [반부] 폭포수
水源 [쒸웬] 수원지
山頂 [싼떵] 산꼭대기
山腰 [싼야] 산허리
山脚 [싼쟌] 산록①

城圈 [청촨] 성바퀴
地方 [듸앙] 지방
地面 [듸몐] 면적
搭界 [따졔] 접경
界牌 [졔패] 경계표
地界 [듸졔] 지경
苗綫 [먄쏀] 광맥
地理 [듸리] 지리
地氣 [듸치] 지기
地開 [듸캐] 해토(解土)
地凍 [듸둥] 땅얼이②
肥地 [예듸] 옥토
荒地 [황듸] 황무지
野地 [예듸] 들
空地 [쿵듸] 공지

第四章 國都門 [궈두먼]

市街 [쒸졔] 시가
大街 [다졔] 큰 행길
京城 [징청] 경성
省城 [엉청] 감영
府城 [왁청] 부(성안)
直路 [즤루] 곧은 길
曲路 [취루] 굽은 길
水路 [쒸루] 수로
旱路 [한루] 육로

石橋 [싀챤] 돌다리
木橋 [무챤] 나무 다리
京裏 [징리] 서울안
京外 [징왜] 경외
城門 [청먼] 성문
城樓 [청러우] 문루
城墻 [청챵] 성벽
碼頭 [마터우] 항구
海關 [해관] 해관

---

① 산록: 山脚. 산기슭.
② 땅얼이: 地凍. 동토(凍土). 얼어붙은 땅.

商阜〔埠〕[썅왜] 상부
道兒 [단얼] 길
道路 [단루] 도로
生路 [엉루] 선길
田地 [톈듸] 전지
地土 [듸투] 토지
水田 [쉬톈] 논
旱田 [한톈] 밭
繞道 [얀단] 도는 길
衚衕 [후퉁] 골목
官路 [관루] 관로
鄕下 [썅싸] 시골
屯裏 [툰리] 촌
村莊 [춘쫭] 촌락
森林 [썬린] 삼림
小巷 [쌰썅] 작은 거리
大道 [따단] 한길
小路 [쌰루] 소로
平路 [핑루] 평로
明溝 [밍꺼우] 드리난 개천
暗溝 [안꺼우] 암구
死衚衕 [쓰후퉁] 막다른 골목
活衚衕 [훠후퉁] 터진 골목
大馬路 [따마루] 대마로
新開街 [신캐졔] 신삭로
三岔道 [싼차단] 세갈래 길
鐵橋 [톄챤] 철교
隧道 [쒀단] 굴철로
鐵道 [톄단] 철도길
車站 [처짠] 정거장

火車路 [훠처루] 기차길
近便道 [진뼨단] 가까운 길
莊稼地 [쫭쟈듸] 농토
南京城 [난징청] 남경성
北京城 [볘징청] 북경성
護城河 [후청허] 해자
通商口岸 [퉁썅커안] 통상항구
熟路 [쑤루] 아는 길
擺渡 [빼두] 나루
岔道 [차단] 갈래길
抄道 [챠단] 지럼길
公館 [꿍관] 공회당
會館 [훼관] 회관
報館 [반관] 신문사
公所 [꿍쒀] 공회소
水池子 [쉬츠쯔] 못
自來水 [쯔래쉬] 수통물
井水 [징쉬] 움물물
公園 [꿍웬] 공원
學堂 [쉐탕] 학교
教育部 [쟌위부] 학부
財政部 [채쩡부] 탁지부①
交通部 [쟌퉁부] 교통부
內務部 [녜우부] 내무성
外交部 [왜쟌부] 외무성
司法部 [쓰애부] 법부
郵政部 [역쩡부] 체신부
工商部 [꿍썅부] 공상부
丁字路 [띵쯔루] 정자로
十字街 [얶쯔졔] 십자로

---

① 탁지부: 財政部. 대한제국 때의 재정을 맡던 관청.

第五章 官衙門 [관야먼]

馬車路 [마처루] 마차 길
衙門 [야먼] 관청(마을)
海軍部 [해쥰부] 해군부
總統部 [쭝퉁부] 총통부
督軍府 [뚜쥰부] 독군부
軍政署 [쥰쩡쒸] 군정서
交涉署 [쟌여쒸] 교섭서
話〔電〕報局 [뎬반쥐] 전보국
郵便局 [역뻰쥐] 우편국
信局子 [신쥐쯔] 우편분국
審判廳 [션판팅] 재판소
大審院 [따션웬] 대심원
巡警局 [쑨징쥐] 순경국
圖書館 [투우관] 도서관
賽珍會 [쌔쩐훼] 박람회
博物館 [뻐우관] 박물원

植物園 [즤우웬] 식물원
內閣 [내꺼] 내각
典獄 [뎬위] 전옥[1]
牢獄 [랃위] 옥
中學堂 [쭝쒜탕] 중학교
大學堂 [따쒜탕] 대학교
武備學堂 [우뻬쒜탕] 무관학교
水師學堂 [쉬시쒜탕] 해군학교
官立學堂 [꽌리쒜탕] 관립학교
民立學堂 [민리쒜탕] 사립학교
師範學堂 [시앤쒜탕] 사범학교
欽差公館 [친채꿍관] 공사관
陸軍部 [루쥰부] 육군부
軍機廠 [쥰지창] 군기창
小學堂 [쌰쒜탕] 소학교
領事公館 [링싀꿍관] 영사관

第六章 時候門 [싀훠먼]

今兒 [진얼] (今天) [진톈] 오늘
昨兒 [쭤얼] (昨天) [쭤톈] 어제
明兒 [밍얼] (明天) [밍톈] 내일
前兒 [쳰얼] (前天) [쳰톈] 그저께
後兒 [훠얼] (後天) [훠톈] 모레
本月 [뻔웨] 이달
上月 [쌍웨] 지난달
早起 [쫘치] 아침
晚上 [완썅] 저녁

晌午 [썅우] 낮
下月 [쌰웨] 내월
上上月 [쌍쌍웨] (前月) [쳰웨] 저
　　　[지] 지난달
後月 [훠웨] 내후ㅅ달
月底 [웨듸] 그금
月初 [웨추] 초생
大盡 [따진] (月大) [웨따] 큰 달
小盡 [쌰진] (月小) [웨쌰] 적은 달

---

[1] 전옥: 典獄. 과거 죄인을 가두던 옥.

秋天 [취텐] 가을
冬天 [둥텐] 겨울
春天 [춘텐] 봄
夏天 [샤텐] 여름
正月 [정웨] 정월
閏月 [뾘웨] 윤달
冬月 [둥웨] 동짓달
如今 [뾘진] 지금
當時 [땅씌] 그 당시
忽然間 [후얜젠] 별안간
陟〔陡〕眼間 [투옌젠] 갑작이
早半天 [짜빤텐] (上半天) [썅빤텐] 오전
晚半天 [웬빤텐] (上〔下〕半天) [샤빤텐] 오후
頭晌午 [투썅우] 낮 전
後晌午 [휘썅우] 낮 뒤
頭半天 [투빤텐] 전반일
上禮拜 [썅리배] 전공일
下禮拜 [샤리배] 다음 공일
一點鐘 [이뎬쭝] 한 시
二點鐘 [얼뎬쭝] 두 시
半點鐘 [빤뎬쭝] 반 시
十二點鐘 [씌얼뎬쭝] 오정
早七點鐘 [짜치뎬쭝] 오전 일곱 시
晚九點鐘 [웬쥬뎬쭝] 오후 구 시
五點來鐘 [우뎬래쭝] 다섯 시 가량
六點多鐘 [류뎬둬쭝] 여섯 시 남짓
頭半月 [투빤웨] 전반달
黑天 [헤텐] 어둔 날
早晚 [짜원] 조석

早晨 [짜천] 세벽
後半天 [휘빤텐] 반나절(후반일)
前半夜 [쳰빤예] 자정 전
下半夜 [샤빤예] 자정 후
熱天 [여텐] 더운 날
冷天 [렁텐] 추운 날
現在 [쎈째] 지금
剛纔 [깡얘] 아까
回頭 [훼투] 잇다가
多咱 [둬짠] 언제(北京語)
大後年 [따휘녠] 내후년
這個月 [저거웨] 이달
這程子 [저청쯔] 이 동안(北京語)
往後 [왕휘] 이후
立刻 [리커] 즉각(당장)
從前 [쭝쳰] 이전
近來 [진래] 근래
將來 [장래] 장래
臘月 [라웨] 섯달
今年 [진녠] 금년
去年 [취녠] 작년
明年 [밍녠] 내년
早已 [짜이] 벌서
已經 [이징] 이왕
等底下 [덩디샤] (等後) [덩휘] 이 담에
大前年 [따쳰녠] (前年) [쳰녠] 재작년
後年 [휘녠] 후년
頭年 [투녠] 세전
過年 [궈녠] 세후
年底 [녠디] 세안

年下 [녠쌰] 설
年節 [녠졔] 과세명절
過節 [궈졔] 명절
大前天 [따쳰톈] 그끄적게
大後天 [따훠톈] 글피
一清早 [이칭짱] 식전
夜裏 [예리] 밤중
白天 [빼톈] 대낮
後半月 [훠빤웨] 후반달
頭半年 [퉈반녠] 상반기
後半年 [훠빤녠] 하반기
這會兒 [저훼얼] 요새(山東語)
一會兒 [이훼얼] 잠간 동안

多會兒 [둬훼얼] 언제(山東語)
這兩天 [저량톈] 양일간
這幾天 [저지톈] 이 며칠
隔一天 [꺼이톈] 하로 걸러
禮拜 [리배] 공일
禮拜一 [리배이] 월요일
禮拜二 [리배얼] 화요일
禮拜三 [리배싼] 수요일
天冷 [톈렁] 날이 차다
禮拜四 [리배쓰] 목요일
禮拜五 [리배우] 금요일
禮拜六 [리배루] 토요일
天熱 [톈여] 날이 더웁다

第七章 親族門

父親 [왜친] 부친
母親 [무친] 모친
祖父 [주왜] 조부
祖母 [주무] 조모
爹爹 [데데] 압바(俗)
媽媽 [마마] 엄마(俗)
爺爺 [예예] 한압바(俗)①
奶奶 [내내] 한엄마(俗)②
伯父 [뻐왜] 백부
伯母 [뻐무] 백모
叔叔 [수수] 아저씨
嬸子 [썬쯔] 아주머니(숙모)

姑姑 [꾸꾸] 고모
姑夫 [꾸왜] 고모부
嫡母 [띠무] 적모
繼母 [지무] 계모
丈夫 [쟝왜] 남편
妻 [치] 안해(文)
兒子 [얼쯔] 아들
女兒 [뉘얼] 딸
妻子 [치쯔] 처자(文)
媳婦 [씌왜] 안해(俗)
妾 [체] 첩(文)
老婆 [란퍼] 마누라(妻)

---

① 한압바: 爺爺. 할아버지.
② 한엄마: 奶奶. 할머니.

小老婆 [쌰란퍼] 소실(俗)
女婿 [뉴쉬] (姑爺) [꾸예] 사위
孫子 [쑨쯔] 손자
孫女 [쑨뉴] 순녀
兒子媳婦 [얼쯔의왺] 며누리
孫媳婦 [쑨의왺] 손자며누리
哥哥 [거거] 형
兄弟 [쓩듸] 아우
嫂子 [쏘쯔] 형수
弟媳 [듸의] 뎨수(제수)
姐姐 [졔졔] 누님
妹夫家 [몌쭈쟈] 매가
妹妹 [몌몌] 누나 [여동생]
姐夫 [졔쭈] 손위 매부
妹夫 [몌쭈] 매부
親戚 [친치] 일가
本家 [뻔쟈] 동기간
叔伯弟兄 [수뻐듸쓩] 종형제
侄子 [즤쯔] 조카
侄媳 [즤의] 질부
表兄 [뱌쓩] 외사춘 형
表嫂 [뱌쏘] 외사춘 형수
表侄 [뱌즤] 외사춘 조카
表侄媳 [뱌즤의] 외사춘 조카 며누리
外孫 [왜쑨] 외손자
外孫媳 [왜쑨의] 외손부
外甥 [왜엉] 생질
外甥媳 [왜엉의] 생질부
外祖父 [왜주쭈] 외조부(外公)
外祖母 [왜주무] 외조모(外婆)

舅舅 [쮸쮸] 외숙
舅母 [쮸무] 외숙모
姨媽 [이마] 이모
姨父 [이쭈] 이모부
丈人 [쟝연] 장인(泰山)
丈母 [쟝무] 장모(泰水)
大舅子 [따쮸쯔] 큰 처남
小舅子 [쌰쮸쯔] 작은 처남
大姨子 [따이쯔] 큰 처제
小姨子 [쌰이쯔] 작은 처제
舅子媳婦 [쮸쯔의왺] 처남의 댁
連襟 [렌진] 동서간
公公 [꿍꿍] 시아버지
婆婆 [퍼퍼] 시어머니
大伯子 [따뻐쯔] 큰 시아자버니
小叔子 [쌰수쯔] 작은 시아자버니
大姑子 [따꾸쯔] 큰 시누이
小姑子 [쌰꾸쯔] 작은 시누이
內侄 [네즤] 처 족하
內侄女 [네즤뉴] 처 족하 딸
姑表弟兄 [꾸뱌듸쓩] 고종형제
姨表弟兄 [이뱌듸쓩] 이종형제
乾兒子 [깐얼쯔] 수양자
乾閨女 [깐퀘뉴] 수양딸
乾爹 [깐뎨] 수양부
乾媽 [깐마] 수양모
婆家 [퍼쟈] 시집
娘家 [냥쟈] 친정
舍親 [셔친] 사돈

親家公 [친쟈꿍] 사돈 영감　　過繼兒子 [귀지얼쯔] 양자
親家母 [친쟈무] 사돈 마누라

第八章　身體門

心 [신] 염통(마음)　　　　耳鏡 [얼징] 귀口
肝 [깐] 간　　　　　　　　眉毛 [몌맢] 눈섭
肺 [페] 허파(폐)　　　　　眼胞 [옌팡] 눈껍질①
胃口 [위커우] 비위(위)　　鬍子 [후쯔] 수염
膽子 [딴쯔] 쓸개(담)　　　鬢角 [삔쟈오] 살쩍
頭 [터우] 머리　　　　　　天底 [톈띠] 이마
臉 [롄] 얼굴　　　　　　　印堂 [인탕] 양미간
嘴 [쥐] 입　　　　　　　　人中 [연쭝] 인중(鼻下)
牙 [야] 이(齒)　　　　　　山根 [얀건] 산근(準頭上)
手 [쇼우] 손　　　　　　　準頭 [쥰터우] 준두
脚 [쟈오] 발　　　　　　　鼻梁 [삐량] 코마루
腿 [퇴] 다리　　　　　　　顖門 [신먼] 숫구역 [멍]
身子 [션쯔] 몸　　　　　　肚子 [뚜쯔] 배
耳朶〔朶〕[얼둬] 귀　　　　腸子 [창쯔] 창자
眼睛 [옌징] 눈　　　　　　脖子 [뼈쯔] 목것
腮頰 [쎄쟈] 뺨　　　　　　嗓子 [쌍쯔] 목
鼻子 [삐쯔] 코　　　　　　嗉子 [쑤쯔] 목줄띠②
舌頭 [쎠터우] 혀　　　　　腦袋〔袋〕[나대] 뇌
嘴脣 [쮀춘] 입술　　　　　胳膊 [꺼버] 팔
頭髮 [터우애] 머리털　　　拳頭 [촨터우] 주먹
腰 [야오] 허리　　　　　　骨頭 [꾸터우] 뼈
眼珠子 [옌주쯔] 눈망울　　骨節 [꾸제] 골절
瞳人兒 [퉁연얼] 동자　　　大腿 [따퇴] 넙적 다리

---

① 눈껍질: 眼胞. 눈꺼풀.
② 목줄띠: 嗉子. 목줄띠. 목의 힘줄.

手背 [쒀뻬] 손등
手心 [쒀신] 손장심
手紋 [쒀윈] 손금
手掌 [쒀쟝] 손바닥
脚掌 [쟈쟝] 발바닥
手指 [쒀즤] 손가락
指甲 [즤쟈] 손톱
中指 [쭝즤] 중지
食指 [싀즤] 식지
大拇指 [따무즤] 엄지손
小拇指 [쌰무즤] 새끼손
無名指 [우밍즤] 무명지
門牙 [먼야] 앞니
尖牙 [젼야] 조곳니
奶牙 [내야] 어금니
齙牙 [반야] 덧니
牙縫 [야뻥] 이틈
牙床子 [야촹쯔] 잇몸
桑〔嗓〕子眼 [쌍쯔옌] 목구녕
耳根子 [얼껀쯔] 귀 뿌리

小舌頭 [쌰어투] 목젓
胳肢窩 [꺼지워] 겨드랑이
脊梁背 [지량뻬] 등
腿肚子 [퉈뚜쯔] 장딴지
迎面骨 [영몐꾸] 정장이
肩膀兒 [젼팡 [방] 얼] 억개
肋巴條 [러 [레] 빠탸오] 갈비
踝子骨 [회 [홰] 쯔꾸] 〈복〉 사뼈
卵胞兒 [란빠얼] 란소(난소)
奶頭 [내투] 젓
心窩 [신워] 명치
陽物 [양우] 신 〈경〉
屁股 [피꾸] 응덩이
卵子 [란쯔] 불알
糞門 [뻔먼] 분문
陰户 [인후] 음호(음문)
前胸匍〔脯〕子 [쳰쓩얖쯔] 가슴
下巴顔〔頦〕兒 [쌰빠옌얼] 턱
波稜蓋兒 [뻐렁깨얼] 종지굽
天靈蓋兒 [톈링깨얼] 두개골

第九章 衣食門

飯 [앤] 밥
菜 [얘] 채소
茶 [차] 차
酒 [쥐] 술
醋 [추] 초
麵 [몐] 국수
早飯 [짜앤] 조반
晌飯 [샹앤] 점심

晚飯 [완앤] 저녁밥
牛奶 [뉴내] 우유
麵包 [몐바오] 빵떡
猪肉 [주옆] 저육
鷄肉 [지옆] 닭고기
火腿 [훠퉤] 염저육
淸醬 [칭쟝] 간장
鹹鹽 [쎈옌] 소곰

鷄蛋 [지딴] 계란　　　　　　　　褲子 [쿠쯔] 바지(고의)
黃油 [황여] 빠다　　　　　　　　襪子 [와쯔] 버선
香油 [썅여] 참기름　　　　　　　布鞋 [부셰] 포헤①
水油 [쒀여] 들기름　　　　　　　皮鞋 [피셰] 구두
白糖 [빼탕] 설탕　　　　　　　　靴子 [쒜쯔] 목화
紅糖 [홍탕] 흑설탕　　　　　　　帽子 [마쯔] 모자
月餅 [웨삥] 송편(松餅)　　　　　手套 [쏘탸] 장갑
烤餅 [컀빙] 호떡　　　　　　　　長袍 [창퍂] 두루마기
黃酒 [황쥐] 황주　　　　　　　　褂子 [꽈쯔] 홋두루마기
紅酒 [홍쥐] 포도주　　　　　　　綿〔棉〕襖 [몐야오] 솜두루마기
麥酒 [매쥐] 맥주　　　　　　　　小襖 [쌰오야오] 저고리
燒酒 [쌰쥐] 소주　　　　　　　　小衫 [쌰오산] 적삼
麵醬 [몐쟝] 된장　　　　　　　　圍裙 [웨츈] 행주치마
醬胎子 [쟝태쯔] 메주　　　　　　外褂子 [웨꽈쯔] 외투
賴〔拉〕皮兒 [라피얼] 양장피　　馬褂子 [마꽈쯔] 마고자
衣裳 [이쌍] 옷　　　　　　　　　砍〔坎〕肩兒 [칸젠얼] 조끼
衣服 [이쀼] 의복　　　　　　　　汗褟兒 [한타얼] 땀둥거리
洋服 [양쀼] 양복　　　　　　　　衛生衣 [웨엉이] 속저고리
禮服 [리쀼] 예복　　　　　　　　烟 [옌] 담배

第十章　店鋪門

洋行 [양항] 양행　　　　　　　　當鋪 [땅푸] 전당포(質□)
銀行 [인항] 은행　　　　　　　　客店 [커뎬] 객주집
公司 [꿍쯔] 회사　　　　　　　　棧房 [잔빵] 창고
錢鋪 [쳰푸] 전포　　　　　　　　布鋪 [부푸] 포목집
銀號 [인호] 은호　　　　　　　　書鋪 [쑤푸] 서뎜(서점)
金店 [진뎬] 금장사 집　　　　　　藥鋪 [야푸] 약국
銀店 [인뎬] 은장사 집　　　　　　參店 [썬뎬] 삼전

---

① 포헤: 布鞋. 포화. 헝겊신.

碓坊 [되썅] 방아간　　　　洋服店 [양얙뎬] 양복점
磨坊 [머썅] 밀가루 가는 집　　點心鋪 [뎬신푸] 과자상
染坊 [얀썅] 염색집　　　　　菜床子 [채촹쯔] 발찬가개
織坊 [즥썅] 직조소(紡織工場)　剃頭鋪 [틔투푸] 이발소
飯館子 [앤꽌쯔] 요리집　　　洗澡堂 [시쨔탕] 목간집
綢緞鋪 [추똰푸] 비단전　　　魚床子 [위촹쯔] 생선전
糧食店 [량읙뎬] 쌀가개　　　海味鋪 [해웨푸] 해물전
雜貨鋪 [짜훠푸] 잡화상　　　磁〔瓷〕器鋪 [쯔치푸] 사기점
雜子鋪 [짜쯔푸] 신전　　　　鐘錶鋪 [쫑뱌푸] 시계포
沽衣鋪 [꾸이푸] 헌옷 파는 집　照相館 [쟈쌍꽌] 사진관
成衣鋪 [청이푸] 옷지어 파는 집　木敞〔廠〕子 [무창쯔] 재목전
洗衣鋪 [시이푸] 세탁소　　　文具鋪 [원쮜푸] 문방점
茶館兒 [차꽌얼] 긱다점　　　水果鋪 [쉬궈푸] 풋실과전
戲館子 [시꽌쯔] 연극장　　　匯票莊 [회퍄좡] 환전 부치는 데

第十一章　菜穀門

米 [미] (大米) [따미] 쌀　　　綠豆 [뤼떠우] 녹두
麵 [몐] 밀가루　　　　　　　豆餅 [떠우삥] 콩깨목
蔥 [총] 파　　　　　　　　　高粱 [꺄량] 수수
蒜 [쏸] 마늘　　　　　　　　蘇子 [수쯔] 들깨
薑 [쟝] 생강　　　　　　　　芝麻 [즤마] 참깨
小米 [쌰미] 좁쌀　　　　　　胡椒 [후쟈] 호초
老米 [랃미] 묵은쌀　　　　　洋麵 [양몐] 양밀가루
江米 [쟝미] 찹쌀　　　　　　宛豆 [완떠우] 강남콩
黃米 [황미] 지장조　　　　　芸豆 [윤떠우] 운두
黑豆 [혜떠우] 흑두　　　　　玉米 [위미] 옥수수
黃豆 [황떠우] 황두　　　　　辣椒 [라쟈] 고추
豆子 [떠우쯔] 콩　　　　　　白菜 [빼채] 배추
蕎麥 [챠매] 모밀　　　　　　青菜 [칭채] 푸성기
麥子 [매쯔] 보리　　　　　　蘿葍〔蔔〕 [뤄버] 무

芋頭 [위퉈] 토란(土蓮)　　青苽 [칭과] 호박
白薯 [빼쑤] 감자(地瓜)　　芥末 [계머] 겨자 가루
韭菜 [쥬에] 부초　　　　　山藥 [얀야] 마
同〔茼〕蒿 [퉁핳] 죽갓　　蓮藕 [롄우] 연근
生菜 [엉채] 상치　　　　　茄子 [쳬쯔] 가지
木耳 [무얼] 목이(버섯)　　黃花菜 [황화채] 원추리꽃
蘑菇 [머꾸] 버섯　　　　　乾果子 [깐궈쯔] 마른 과실
芹菜 [친예] 미나리　　　　香芹菜 [썅친예] 고수채(들미나리)
竹笋 [주쑨] 죽순　　　　　紅小豆 [훙쌰떠] 팥
水瓜 [쉬과] 수박　　　　　胡椒麵 [후쟈몐] 후추 가루
甜瓜 [톈과] 참외　　　　　豆芽菜 [떠야예] 콩나물
黃瓜 [황과] 오이　　　　　青椒 [칭쟈] 풋고초

第十二章　器用門

紙 [즈] 종이　　　　　　　椅子 [이쯔] 교의
筆 [삐] 붓　　　　　　　　凳子 [떵쯔] 등상
墨 [머] 먹　　　　　　　　刀子 [딴쯔] 칼
字 [쯔] 글씨　　　　　　　筷子 [쾌쯔] 젓가락
畫 [화] 그림　　　　　　　匙子 [의쯔] 수저(사시)
鐘 [중] 시계　　　　　　　鍤子 [차쯔] 삼지장
錶 [뱌] 시표　　　　　　　橛子 [쥰〔뚠〕쯔] 도마
席 [시] 자리　　　　　　　礁〔碓〕臼 [되쥐] 절구
床 [촹] 침상　　　　　　　簾子 [롄쯔] 발
尺 [츠] 자　　　　　　　　鉛筆 [쳰삐] 연필
秤 [칭] 저울　　　　　　　硯臺 [옌태] 벼루
斗 [떠] 말　　　　　　　　眼鏡 [옌징] 안경
升 [엉] 되　　　　　　　　團扇 [퇀샨] 미선
燈 [떵] 등　　　　　　　　扇子 [싼쯔] 부채
洋燈 [양떵] 람프　　　　　鋼筆 [깡삐] 철필
卓〔桌〕子 [줘쯔] 사선상　石筆 [의삐] 석필

粉筆 [펀삐] 분필
信紙 [신즤] 편지지
信套 [신탸] 봉투
飯碗 [앤완] 밥그릇
臉盆 [렌펀] 세수대야
火盆 [훠펀] 화로
煤油 [메역] 석유(火油)
印色 [인써] 일주
酒壺 [쥬후] 주전자
茶碗 [차완] 차종
碟子 [데쯔] 접시
盤子 [판쯔] 쟁반
大碗 [따완] 큰대접
蠟臺 [라태] 초대
笤帚 [탸쭈] 비
吊桶 [댜퉁] 두레박
木桶 [무퉁] 목통
水壺 [쉬후] 차호
抹子 [머쯔] 흙손
鎌刀 [렌땨] 낫
鏟子 [찬쯔] 부삽
搌布 [찬 [잔] 부] 걸레
撣子 [딴쯔] 떨채
褥子 [오쯔] 요
鋪蓋 [푸깨] 이부자리
刷子 [솨쯔] □지(풀비)
胰子 [이쯔] 비누

洋火 [양훠] 성양
剪子 [젠쯔] 가위(가새)
蚊帳 [껀쟝] 모기장
枕頭 [□□] 벼개
墊子 [뎬쯔] 방석
被子 [뻬쯔] 이블
鑰匙 [야쓰] 열쇠
鎖頭 [쒀투] 자물쇠
水罐 [쉬광] 물독
飯鍋 [앤궈] 솥
鎬子 [까쯔] 광이
表練子 [뱌렌쯔] 시표줄
定南針 [띵난쩐] 지남침
寒暑表 [한우뱌] 한난계
硯水壺 [연쉬후] 연적
洋爐子 [양루쯔] 난로
剃刺刀 [틔춰밥 [틔츠땨]] 면도칼
刷牙散 [솨야싼] 치마분
刷牙子 [솨야쯔] 이솔
燈罩兒 [떵쟈얼] 등피
萬年筆 [완녠삐] 만년필
飯勺子 [앤쌰쯔] 주걱
酒篘子 [쥬쥬쯔] 용수
火筷子 [훠쾌쯔] 불젓가락
飯卓〔桌〕兒 [앤쥐얼] 밥상
金鐲子 [진줘쯔] 금팔지
戒指兒 [졔즥얼] 반지

第十三章　家屋門

房子 [빵쯔] 집
平房 [핑앙] 평가
樓房 [러앙] 층집
瓦房 [와앙] 개와집
草房 [찰앙] 초가집
屋子 [우쯔] 방
堆房 [뙤앙] 헛간
書房 [우앙] 서재(책방)
客廳 [커팅] 사랑
大廳 [따팅] 대청

卧房 [어앙] 침방
厨房 [추앙] 부엌
窗户 [챵후] 창호
茅房 [마앙] 뒷간
澡堂 [쌰탕] 목간
馬棚 [마펑] 마구
籬笆 [리빠] 울타리
尿桶 [냐통] 오줌통[통]
樓梯 [러틔] 층계
倒座兒 [따쒀얼] 아래채

第十四章　要領助詞

左에 記入한 助詞字가 他詞에서는 或 副詞도 되고 動詞도 되나니 此를 一定한 助詞字로 □□한은 不可한 일임을 알 것이다.

第一節　是 [쒸]

이는 指定的 (는),은 吐니, 處所나 方向이나 □□나 動詞나 形容詞 밑에 는,은 吐를 밑냐면 늘 名詞 下 이 是를 부친다.
紙是有, 筆可没有。[즈쒸역삐커메 역] 종이는 잇스나 붓은 없소.
這是我的, 那是你的。[저쒸워듸 나쒸늬듸] 이거는 내 것, 저것은 네 것이다.

第二節　可 [커]

이는 肯定的 (는)(은) 吐니 是字와 가티 名詞 밑에부터 「는은」의 助詞가 되고도 그 終止에서는 (데)(는데)(한데)(나) 等이 붙으며 是는 第二句語지만 可는 三句語가 된다.
東西可很好啊! [둥시커헌하아] 물건은 매우 좋은데요!

好可好, 不够用。[환커환부꺼융] 좋기는 좋은데 쓰기가 부족합니다.

有可有, 價錢大。[요커요쟈쳰따] 있기는 있으나 값이 많습니다.

第三節 的 [듸]

이는 接續的 (은) 吐다, 또 그 助詞字 발이며 (ㄴ) 바침만 되기도 한다.
拿的書、帶的錢。[나듸우때듸쳰] (拿는 손에 든 것, 帶는 몸에 진인 것)든 책, 가진 돈.
那是編話的題目。[나읠뻰화듸티무] 그것은 말을 만드는 문제입니다.

第四節 着 [저]

이 字는 接續詞로 動詞와 動詞의 中間에 在하야 (서)도 되고 (면서)도 되고 (고서)도 된다.
我接着説。[워졔저웨] 내가 잇대서 말하마.
他打着盹兒看報。[타따저뚠얼칸빤] 저 사람이 졸면서 신문을 봅니다.
低着頭寫字。[듸저텃쎄쯔] 머리를 숙이고서 글씨를 쓴다.

第五節 也 [예]

이는 過去格 (도) 吐다, 各詞에도 吐를 달자면 그 各詞 밑에 也字를 두며 也字가 맨 우에가 놓이는 것은 (또한)이라는 副詞로 그 웃 句節 말에 □한 것이다.
我也不會做, 他也是不明白。[워예부회웨타예읠부밍배] 나도 할 줄을 모르고 그도 또한 모릅니다.
今天做不了也不礙事。[진톈웨부랃예부애읠] 오늘 하지 못해도 일 없습니다.

第六節 還 [해]

이 字는 未來格 (도) 吐다, 이字를 副詞로 새기어 읽으면 時期의 未來格 이어서 (아직)(으히려)(도)가 된다.

現在還許有。[쎈째해쉬유] 지금도 잇을 듯합니다.
做了半天還做不出來麼？ [워라빤톈해워부추래마] 종일 해도 아직 하지 못했느냐?

第七節 上 [쌍]

이 字는 上下라는 方向詞이 지라는 그말이 그 物件의 表面에 關係된 時에 上字가 새거지져안도 (애) 로만 된다 又는 或(에다가)도 된다.

花兒上落了蛾兒了。[화얼쌍롼라 어얼라] 꽃에 [애] 나비가 앉았다.
天上出了虹了。[톈쌍추라깡 [홍] 라] 하늘에 무지개가 있다.

第八節 裏 [리]

이 字는 表裏라는 方向詞나 그말이 그 物件의 裏面에 關係가 될時에 (에)(에서) 吐로 만들어지기도 한다.
火盆裏裝點兒火。[훠펀리쟝뎬얼훠] 화로에 불 좀 담어라.
這個是山裏裏①長的。[저거읜산리 [리] 장듸] 이것은 산중에서 나는 것입니다.

第九節 叫 [쟈오]

이 字는 被動的 (에)(게)(에게) 吐니 그 被動 되는 名詞 우에 叫字를 놓으면 그러한 吐가 된다.
叫馬踢了。[쟈오마틔라] 말에게 채엿습니다.

你叫誰哄怕了？ [늬쟈오쉬훙파라] 당신 뉘게 속았었소?
叫水冲去了。[쟈오쉬충취라] 물에 떠나갔소.

第十節 被 [뻬]

이 字는 叫와 一般으로 通用하는 被動的 (에)(개)(에게)하는 吐다.
被槍打死了。[뻬창따쓰라] 총에 맞아 죽었습니다.

---

① 后裏为衍字。

被敵兵打敗了。[뻬듸삥따빠라] 적병에게 패하였습니다.

第十一節 把 [빠]

(을)(를) 吐니 何詞에서든지 以上 吐를 달자면 이 字를 그 詞 우에 놓고 動詞를 그 詞 아래 붙여야 動作이 된다.

把門關上。[빠먼관쌍] 문을 닫쳐라.
先把這邊收起來。[쎈빠저볜쓔치래] 먼저 여기를 치어라.

第十二節 拿 [나]

「로」「으로」 吐니 名詞나 事件이나 言語 等에 이 吐를 달자면 名詞 우에 이 字를 놓고, 그 아래에 動詞를 부친다.

拿刀子砍子〔了〕。[나딸쯔칸라] 칼로 찍엇다.
不要拿手摸他。[부얀나쑈머타] 손으로 만지지 마오.

第十三節 使 [쒸]

이 字도 「로」「으로」 吐니 그 用法이 拿 字와 類似하나 拿는 가진다는 뜻이오, 使는 부린다는 뜻이니, 그 主詞 되는 名詞의 物質이 使 字 助詞를 부쳐야 適當할 時는 使 字를 쓴다. 即「으로 하야금」의 略이다.

使牛駝來了。[쒸뉴퉈래라] 소로 실어왔다.
使手拿不動, 發肩上扛着罷。[쒸쑈나부둥쌍졘쌍캉저바] 손으로 들 수 없으면 어깨에다가 메여라.

第十四節 用 [융]

이 字도 「로」「으로」 吐니 「으로써」의 約이다, 그法이 使와 相關하나도 그 物質이 使 字보다 用字를 부쳐야 할 時는 이 字로 해야된다.

這是用手編的。[저쒸융쑈뼨듸] 이것은 손으로 딴 것이오.
那是用機器織的。[나쒸융지치듸] 저것은 기게로 짠 것이다.

第十五節 論 [룬]

「로」「으로」 吐니 論의 用途는 買賣하는 物件에 함하야 斤으로 □□三尺으로 □로 甁으로 椀으로 판다는 □에 쓰는 것이다. 即 「으로의는 □다」의 □이다, 又는 「로 친다」으로 「빠진다」.
紙是論張, 筆是論管。[즤읙룬장 삐읙룬관] 종이는 장으로 치고 붓은 자루로 친다.

第十六節 往 [왕]

往도 「로」「으로」 吐다, □四方 □方向에 限하야 쓰는 吐다. 上下左右內外에서의 「으로」이다.
這道墻是往外張。[저딴챵읙왕왜장] 이 담은 밖으로 □□하고.
那根柱子往裏趑。[나껀주쯔왕리체] 그 기동[둥]은 안으로 벋옵하다.
你是往東走, [늬읙왕둥쩌우] 당신은 동으로 내려가시오,
我是往西去。[워읙왕시취] 나는 서편으로 「올라」 갑니다.

第十七節 在 [째]

處所나 方向 우에 前置詞로서 「서」「에서」가 된다.
他在前頭走, 我在後頭趕。[타째쳰터우쩌우워째후터깐] 그는 앞에서 가고 나는 뒤에서 쫓아갔습니다.

第十八節 在 [째]

處所 우에나 動詞 아래나 名詞 우에 붙어서 「다가」「에다가」 吐가 된다.
在合同(通稱契約書)上寫了限期。[째허통썅셰라쎈치] 계약서 우에다가 기한을 썼고.
在批單(物品預買證)上具的明白了。[째피딴썅쥐듸밍배라] 예약표 우〈에〉다가 분명히 했습니다.

第十九節 從 [충]

名詞 우에나 處所 우에 在하야 그 아래에 去나 來의 動詞를 應하야 「로」「으로」「서」「에서」「게서」로 된다. 「으로조차」의 約.

從信上明白了情形。[충신썅밍배라칭싱] 편지로 형편을 알았습니다.

從墻上過來的。[충챵썅궈래듸] 담으로 넘어왔습니다.

從上海買來了。[충썅해매래라] 상해서 사 왔습니다.

從樹上掉下來的果子。[충쑤썅댠쌰래듸궈쯔] 나무에서 떠러진 과실입니다.

從我這兒送去的。[충워저얼쑹취듸] 내게서 보낸 것입니다.

第二十節 到 [따]

距離, 日數, 時期, 時間 等에 限한 「까지」 吐다

從這兒到那邊。[충저얼따나볜] 여기서 저기까지.

從今兒到明天。[충진얼따밍텐] 오늘부터 내일까지.

第二十一節 再 [쩨]

兩截一句話의 中間에 入하야 上下 兩截을 聯絡시키는 (고)(하고) 인 未來格이다.

吃飯再做罷。[츠펀쩨쮜바] 밥 먹고 해라.

看看再走。[칸칸쩨쭤] 구경하고 갑시다.

第二十二節 又……又 [역역]

거듭 「고」 吐다, 動詞나 形容詞에 이 吐가 두 번 달리면 又字가 겹들어 간다.

又酸又臭的, 簡直的沒法吃。[역쑨역춰듸젠즤듸메애츠] 시고 구리고 아주 먹을 수가 없다.

第二十三節 纔 [채]

「야」「해야」吐니 上一截, 下一截의 中間에 入하야 上下截을 接續하는 吐다. 漢文方字의 意오 새기면「겨우」라는 뜻이다.

這個菜怎麼做纔好吃? [저거채쩜마쮜채한츼] 이 나물은 어떠케 만들어야 먹기가 좋겠습니까?
這麼辦纔行。[저마빤채싱] 이러케 해야 됩니다.

第二十四節 得 [테]

未來的으로 무엇을 어찌「해야 되겠다」「야 된다」는 助詞로 動詞의 前置詞字가 된다.

得燒炕了。[데쏴캉라] 방에 불을 때여야 되겠다.
我得去一趟了。[워데취이탕라] 내가 한 번 가야 하겠다.

第二十五節 必得、必須得 [삐데삐쉬데]

이는 그러케「해야만 된다」「야만한다」의 助詞로 꼭 같은 吐다. 얻기를 期必한다는 뜻이다.

我是必得去, 你是必得來。[워씌삐데취늬씌삐데래] 나는 가야만 되고 너는 와야만 된다.

人人必須得有。[옌옌삐쉬데유] 사람마다 있어야만 되고.
家家必須得用。[쟈쟈삐쉬데융] 집마다 써야만 한다.
必得他來交兌。[삐데타래쟈되] 교대해야만 된다.

第二十六節 可、可以 [커커이]

무릇 動詞 우에서 可成的할 만하다는「만」吐다.

那個人很可靠。[나거옌헌커콰] 그 사람이 매우 믿을 만하오.
可以學。[커이쉐] 배울 만하오.

第二十七節 就 [쥬]

「면」「즉」 吐다 漢文에 則字다 副詞로는 「곧」이다.

有一個就行。[여이거쥬싱] 하나만 있으면 됩니다.

第二十八節 一……就 [이쥬]

「만…하면」 吐니 動詞와 動詞의 聯絡語이면 一字를 上動詞 우에 놓고 就字를 下動詞 우에 놓으며 動詞와 形容詞와에도 亦同하다.

一去就很現成。[이취쥬헌쎈청]

가기만 하면 아주 당장이오「쉽소」.

一打電話就送來了。[이따뎬화쥬쑹래라] 전화만 하면 곧 보내오.「곧 가저옵니다」

第二十九節 覺 [쥐]

感覺的「듯」 吐니 心理上推測詞다.

覺着頭發暈，又覺着惡心。[쥐저 툐애윤역쥐저어신] 머리가 내둘리는 듯하고 또 속이 메식고은 듯합니다.

第三十節 許 [쉬]

預料的「듯」 吐니 事物上推測詞다.

這個許是大。[저거쉬얷따] 이것은 클 듯하고.

那個許是小。[나거쉬얷쌰] 저것은 적을 듯하다.

第三十一節 和 [해]

接續的「와」「과」니 與 又는 及字의 意다.

和這個一樣，[해저거이양] 이거와 같고,

和那個兩樣。[해나거량양] 그것과 다릅니다.

第三十二節 跟 [껀]

「한테」「처럼」吐오 又는「와」「과」도 되나니 和와 同하다.

我跟許先生學的。[워껀쉬쎈엉쉐듸] 난 허선생한테 배운 것입니다.

跟綿綢軟。[껀몐쳐롼] 명주처럼 보드럽습니다.

跟櫃一樣的四方。[껀궤이양듸쓰앙] 궤와 한모양으로 네모가 집니다.

第三十三節 叫 [쟈오]

使命的「더러」吐니 人, 人代名詞 上에만 限한다.

叫他回去罷。[쟈오타회취바] 그이더러 들어가라고 하여라.

第三十四節 任 [옌]

「도」「든지」吐니「無論」의 義가 包含된 것이다. 그 運用範圍는 이 數法에 不過하고 山東語에는 任을「管」으로 用하는 것이다.

他任事不做, 竟閑着。[타옌쓰부쭤징쎈저] 그는 아무 일도 아니하고 놀기만 합니다.

他是任甚麼時候兒來的晚。[타쓰옌섬마쓰후얼래듸완] 그는 어느 때든지 늦게 오더라.

第三十五節 越……越 [웨웨]

動詞에든지 形容詞에든지 兩 越字가 間隔하야 一個씩 入하면「쑤록」吐가 된다.

越攪越厚。[웨쟈오웨후] 저을쑤록 되어지고.

越攪越硬。[웨휘웨영] 반죽 발쑤록 질기다.

第三十六節 連……也/都 [롄예뚜]

連字만도「까지」吐오 連也가 合하든지 連都가 合하든지 上下相應하야「도」「까지도」又는「까지」吐가 된다.

連帶費六角錢一本。[렌 때 예 뤼쟈 첸이뻔] 가저오는 부비까지 한 권에 육십 전이오.
連一個也沒有。[렌이거예몌역] 하나도 없다.(여럿은커녕 하나도 없다.)
連本錢都不夠。[렌뻔첸떠부꺼] 본전도 못되오.(이가 남기는커녕 본전도 못된다.)
怕是連他的差使也保不住罷。[파 쒸렌타디채쒸예반부주바] 아마 그의 벼살까지도 보전치 못할가 보오.

第三十七節 照 [쟈]

標準에 依據하야 그 模樣대로 한다는「대로」吐다.
得照公理説。[데쟈꿍리숴] 경우대로 말해야 되지오.

第三十八節 隨……隨 [쒀쒀]

某動作에 依하야 某動作을 行하는 隨勢的「대로」吐다.
隨看隨就忘。[쒀칸쒀추왕] 보는 대로 바로 잊어버렸습니다.

第三十九節 就是 [쥬쒸]

名詞或은 數詞 動詞 우에 부치여 現在的으로「뿐」「만」吐가 된다.
送去的就是這幾個啊![쑹취디쥬쒸 저지거아] 가저갈 것은 이 몇 개 뿐입니다.
所有的莊稼都不要緊, 就是麥蕎〔蕎麥〕糟了。[쒀여디쟝쟈떠 부야진쥬쒸챠매쨔라] 모든 농사가 다 괜찬코 밀만 결단이오.

第四十節 就是……也

就是를 名詞或은 動詞 우에 놓고 그 밑에 也를 붙이면「라도」「이라도」가 된다.
就是晚上也可以送來。[쥬쒸완쌍 에커이쑹래] 저녁 때라도 가저올 수가 있소(보낼 쑤 있소).
就是現在也可以帶來。[쥬쒸쎈재 예커이때래] 지금이라도 데리고 올 수 있소.(가지고 올 쑤 있소.)
就是見了他也不可當面提述。[쥬쒸젠 라타예부커땅몐틔쑤] 그를 보더라도 그를 면대해서 할 말은 못 되오.

第四十一節 但 [딴]

다만이라는 意를 有한 未來格 (만) 吐다. 不但은 「뿐만 아니라」가 된다

人但能用心, 就没有辦不到的。[연딴넝용신쥬메역빤부딴듸] 사람이 마음만 쓰면 하지 못할 것이 없지오.

不但管吃, 還是給他管穿。[부딴꽌츠해읙계타꽌촨] 머기뿐만 아니오 또 그를 입히기도 하오.

第四十二節 只 [즤]

다만이라는 意를 有한 過去格(만)이다.

今天只念了這一章了。[진톈즤녠라저이장라] 오늘 이것 한 장만 읽엇습니다.

只剩了五六天念的了。[즤엉라우루톈녠듸라] 오륙 일 읽을 것만 남엇습니다.

第四十三節 光 [꽝]

「한갓」이라는 意를 有한 (만) 吐다.

光你自己來了麽? [꽝늬쯔지래라마] 너 혼자만 왓느냐?

第四十四節 竟 [징]

「똑」「말이」라는 意를 有한 「만」 吐다.

他是竟吹大氣。[타읙징췌따치] 그는 큰 풍만 친다.

他是竟耍小巧。[타읙징쑤쌰챤] 그는 얕은 꾀만 부린다.

第四十五節 若 [워]

假定的未來格인 (면)(하면)(더면)(으면) 吐다.

若是下雨還得改日子。[워읙쌰위해데깨의쯔] 비가 오면 또 일자를 고쳐야 겟습니다.

若是不先留押頭, [워슥부셴류야튀] 먼저 담보물을 두지 아니하면,

恐怕歸爲無效。[쿵파궤웨우쌰] 무효가 될 듯합니다.

我若到了可就成的。[워워닫라커쥬청듸] 내가 갓더면 당장 되엿

슬걸.
若是他不在家, [웍쯰타부째쟈] 그가 집에 없으면, 可以到會館去找他。 [커이따회관취좌타] 회관으로 가서 그를 찾어라.

第四十六節 雖 [쉐]

假設詞로 名詞或은 動詞 우에 부티 여만 (도) 或은 (들)(드래도)가 된다. 雖만은 現在格이오 (雖是는) 過去格이오, (雖然是)는 大過去格이오, 그 助詞는 (지만도)다.

價錢雖大一點, 東西可好。 [쟈쳰쉐따이뎬둥시커환] 값은 좀만 해도 물건은 좃소.

你雖見了, 再不可以叫人知道。 [늬쉐졘라째부커이쟌엔즤단] 너는 보앗드래도 또 남을 알녀서는 아니 된다.

雖然學了幾年, 那能都明白呢？ [쉐얜쒸라지녠나넝뚜밍배늬] 몃해 배웟셧들 엇더케 다 알겟소?

話雖然是好, 凑在這上頭可不合式。 [화쉐얜의환쭤째저썅투커부허씌] 말은 좋지만도 여기다 너서는 맛질 안는다.

第四十七節 因爲 [인워]

事故의 因緣을 表示하는 助詞다. 名詞上에 잇서 (때문에)(으로해서)(서)吐가 된다.

因爲人多没法看。 [인워런뒤메애칸] 사람이 만키 때문에 구경할 수가 없소.

他是因爲考試没去。 [타의인워캬의메취] 그는 시험으로 해서 못 갓습니다.

兩下裏因爲話不投機, 鬧出口舌來了。 [량쌰리인워화부투지낟추쿠얼래라] 량방의 말이 빗나가서 말사단이 낫담니다.

第四十八節 所以 [쉬이]

應上起下하는 連續詞로 上下兩句의 中間에서 (길래)(고로)(서)(닛가)(그럼으로)가 된다.

必是紙, 所以這麽軟。 [삐의즤쉬이저마롼] 편지 조히길내 이러케 부드럽지오.

他有這個毛病，所以我不信。[타역저거맏뼁쉬이워부신] 그가 이런 흠절이 잇는 고로 내가 밋지 못하오.

還不定成破，所以我很挂心。[해부띵청퍼쉬이워헌꽈신] 아직 성패를 알 수 없어서 나는 매우 염려가 되오.

您把道路想窄了，所以越做越做不開了。[닌빠단루썅재라쉬이웨쭤웨쭤부캐랴 [라]] 당신이 범위를 좁게 생각하니까 할수록 옥아지 지오.

第四十九節 只管 [즈꽌]

單一的 命令詞로 只가「만」이 되고 管은「해」가 되야「기만해라」는 詞가 된다.

你只管拿去。[늬즈꽌나취] 너는 가저가기만 해라.

第五十節 只可 [즈커]

僅可的이나 (에나)(나)(만이나)(쯤이나) 吐다.

只可相議，不可相强。[즈커썅이부커썅챵] 서로 의론이나 하지 강제로는 못하오.

只可現吃，不能久穩。[즈커쎈츠부넝쥬원] 당장에나 먹지 오래 두든 못합니다.

只可閑看，不能做工課用。[즈커쎈칸부넝쮜꿍커융] 그저나 보지 교과서용은 되지 못하오.

他説只可給一回，[타숴즈커께이회] 그가 한 번만이나 주지,

再多了不行。[째둬라부싱] 또 더 해서는 못 되겠다고 합데다.

只可够一份材料，不能再多了。[즈커꺼우이펀채랴부넝째둬라] 한 감쯤이나 되지 또 더는 못 됩니다.

第五十一節 等 [덩]

未來의「거든」吐다 動詞 上에만 부분이 等 아래 就가 붙으면 急急의 意오 再가 붓는 것은 徐徐의 表示다.

等來了行李就往這裏拿。[덩래라싱리쮸왕저리나] 행장이 오거든 곳 이리 가저오느라.

等火生着了，再往裏加柴火。[덩

덩휘엉줘라왜왕리쟈예휘] 불이 살러지거든 나무를 집어넣으라.

第五十二節 趕 [깐]

時期에만 限하야 未來를 表示하는 「쯤」이다.

趕幾時可以有信。[깐지쯸커이유 신] 언제쯤이나 소식이 있겠습니까?

第五十三節 倒 [따]

「도리이」라는 意를 有한 「은」 「는」이니 名詞나 動詞밑에 붙어 吐를 形成하며 (는 것이)라는 助詞로도 變한다.

錢倒有，就是没人去買。[쳰따유쭈 왜메옌취매] 돈은 있으나 바로 사러 갈 사람이 없소.

見倒見了，没得說細話。[졘따졘라 메더웨의화] 보긴(보기는) 보았으나 자세한 말은 못 했소.

依我看，這樣事總是不干預倒好。 [이워칸저양의쭝의부깐위따환] 내 생각 같아서는 이런 일은 도시 간섭 아니하는 것이 좋습니다.

第五十四節 可是 [커의]

猶預的「데」「는데」「한데」 「그렌데」「그러나」 等 助詞가 되야 上下兩句를 連續식이며 或은 맨 우에다가 붙일 수도 있다.

好像他提過，可是我記不清了。 [환썅타틔궈커의워지부칭라] 똑 그간 말한 것 같은데 내가 자세 기억 못되구려.

話有的是，可是一時想不出來。 [화유듸의커의이의썅부추래] 말은 가득이 있는데 졸지에 생각이 안 나는구려.

可是這個門子，就是號頭不對。 [커의저거먼쯔, 쭈의환투부되] 이 문은 이 문이다. 그런데 번호가 맞지를 않을뿐.

亮可是亮，没有電燈那麽亮。[량커의량메유뎐떵나마량] 밝기는 밝다. 그러나 전등처럼 그리 밝지 못하오.

第五十五節 想 [썅]

希望的 助詞로 動詞 上에서서「싶
다」가 된다.
要去你自己去，我不想去了。[얃
취늭뜌지취워부썅취라] 가려거
든 너 혼자 가거라,나는 가고 싶
지 안타.
您想吃甚麽東西？[닌썅츼섬마둥
시] 당신 무슨 물건이 잡숫고 싶
읍니까?

第五十六節 裝 [쟝] ①

假飾的「체」라는 助詞다
於他有碍的語〔話〕，[위타역애듸
화] 그예게 해로운 말은,
他就這麽裝聾。[타쥬저마쟝룽] 그
가 곳 이렇게 귀먹은 체한답니
다.

第五十六節 連……帶[롄때]

兩個 名詞나 或 兩個 動詞를 幷擧
하야 言할 時에는 「며」 吐가 곱
들어가든지, 그와 同時에 或은
「와, 과…까지」로 變用할 수도
있다.
連本帶利錢不少。[롄뻔 때리 쳰부
쌰] 본전이며 변리며 돈이 적지
않습니다.
連人帶錢都丟了。[롄옌 때 쳰뚜둬
라] 사람과 돈까지 모두 잃어버
렸습니다.

第五十七節 每逢 [메펑]

逢이나 每逢은 時期詞로 「마다」
「적마다」 吐가 된다
你們那兒是逢幾集市？[늬먼나얼
싀펑지즤싀] 당신네 거기는 며
칠마다 시장이 섭니까?
軍營裏每逢三九操練。[쥰영리메
펑싼쥬챠롄] 영문에서는 사흘
아흐레마다 조련하오.
每逢換節的時候兒必先有風雨。
[메펑환졔듸싀훠얼삐쎤역펑위]
환절 될 적마다 반드시 먼저 풍
우가 있지오.

---

① 原文如此。

第五十八節 不論、勿論 [부룬우룬]

何事 何詞를 不問하고 (든지) 吐가 들어가게 되면 不論이나 勿論이 그 詞 우에 붙는다. 그러나 不論은 現在格이오, 勿論은 未來格이다.

他不論待誰都是刻薄。[타부룬때웨이뚜싀커뻐] 그는 누구를 대접하든지 모두 각박합니다.

勿論何等人，我都一例看待。[우룬허떵옌워뚜이리칸때] 어떠한 사람이든지 나는 모두 일체로 여기오.

第六十節① 不拘、不管 [부쥐부꽌]

이도 不論 勿論과 類似한 「든지」 「이나」 吐다, 不拘는 不拘礙오 不管는 不管的이다

不拘多少, 只要有了, 就不算空了。[부쥐둬 [뛔] 쌰오즤야오여라쥬부싼쿵라] 얼마든지 있기만 하면 없는 셈은 아니지오.

不管他肯不肯, 就是這麽的。[부꽌타컨부컨쥬싀저마디] 그가 좋아하든지 말든지 이러케만 해야 하오.

不拘大小事都得要謹愼。[부쥐다쌰오싀두데야진쉰] 큰일이나 작은 일이나 모두 삼가 해야 되지오.

第六十一節 任憑 [옌핑]

任他自由하는(든지)니 不拘, 不管 와 같다

任憑你怎麽說, 他是一字不理。[옌핑늬쩜마숴 타싀이쯔부리] 네가 어떻게 말하든지 그는 조금도 참견하지 않는다.

第六十二節 固然是 [꾸얀싀]

形容詞 或은 動詞에 「마는」 「치마는」 「지마는」 「겟지마는」 이 드러가면 그 詞 우에 固然是를 加하는 것이다.

那個人固然是好, 可是不遇時。[나거옌 꾸얀싀하오 커싀부위싀] 그 사람이 좋긴 하지마는 그런데 때를 못 만나서.

替人辦事若對心固然好, 不合意難免受怨的。[티옌빤싀뤠이되신꾸

---

① 原文如此。

얜환부허이난몐쭈웬듸] 남의 일 좋지마는 합의치 아니하면 원망
을 해주는 것이 마음에 맞으면 을 면키 어려운 것이오.

第十五章 助詞字一覽

(是) 는, 은
(可) 는, 은 (데) (한테) (나)
(的) 는, 은
(着) 서, 면서, 고서
(也) 도 (또한)
(還) 도, (아직) (오이려) (또)
(上) 에, 에다가
(裏) 에, 에서
(叫) 에, 게, 에게(同)
(被) 에, 게, 에게 (同)
(把) 을, 를
(拿) 로, 으로
(使) 로, 으로 (으로 하여금)
(用) 로, 으로 (으로써)
(論) 로, 으로 (으로 친다)
(往) 로, 으로
(在) 서, 에서
(在) 다가, 에다가
(從) 로, 으로, 서, 에서, 게서
(到) 까지
(再) 고, 하고
(又……又) 고…고, 고도 또
(纔) 야, 해야
(得) 야하겠다, 해야 된다
(必須得) 야만 된다, 해야만 한다
(可以) 만
(就) 면

(一……就) 만…하면
(覺) 듯
(許) 뜻
(和) 와, 과
(跟) 에게, 안 [한] 테, 처럼, 와, 과
(任) 다려, 더러
(任) 도, 든지
(越……越) 올쑤록
(連……也/都) 까지, 까지로, 도
(照) 대로
(隨……隨) 대로
(就是) 뿐, 或 만
(就是……也) 라도, 이라도, 래도
(但) 만
(只) 만
(光) 만, 뿐
(竟) 만
(若) 면, 하면, 으면, 더면
(雖……是/然是) 나, 도, 더라도, 지 만도, 들
(因爲) 로 해서, 로 하야, 때문에, 서
(所以) 때문, 에, 서, 길래, 고로, 니까, 그리므로
(只管) 기만 해라
(只可) 이나, 에나, 나, 만이나, 쯤 이나

(等) 거든(下에 반드시 再가 있다) 면
(趂) 쯤
(倒) 는, 은, 는 것이
(可是) 데, 한데, 는데, 그런데, 그러나
(想) 싶다
(裝) 체
(連……帶) 와, 과, 까지, 며…며
(每逢) 마다, 적마다
(不論、勿論、不拘、不耆、任憑) 든지, 이나
(固然是) 마는, 지만은, 겠지마는

第十六章 複言이면(대로) 助詞가 自然的으로 되는

有一個辦一個。[유이거빤이거] (하나가 있으면 하나를 하자.) 있는 대로 하자
學一個會一個。[쉐이거회이거] (하나를 배우면 하나를 안다.) 배우는 대로 안다
有多少買多少。[유둬쏴매둬쏴] (얼마가 있으면 얼마를 사지.) 있는 대로 삽시다
要甚麼有甚麼。[야섬마유섬마] (무엇을 달라면 무엇이 있소.) 달라는 대로 있소.
誰的東西誰拿去。[쉬디둥시쉬나쥐] (뉘 것이면 누가 가저간다.) 임자대로 가지간다.
所有的都拿來罷。[쒀유듸떠나래바] 있는 바를 모두 가저오너라.) 있는 대로 가저오너라.
幾時去可以幾時拿。[지쓰취커이지쓰나] (어느때 가면 어느때 가저온다.) 아무때 나가는 대로 가저온다.
想起甚麼來就寫甚麼。[썅치섬마래쥬쎼섬마] (무엇이 생각나면 무엇을 쓴다.) 생각나는 대로 쓴다.

第十七章 單話略解

二十個 [얼쓰거] (二個는 兩個라 하지마는 二十은 兩十이다 하지 안는다.) 이십 개
四萬萬 [쓰완완] (億은 萬萬이라 하고 億萬이라곤 아니한다.) 사억만
呀 [야] (어서 들어와 앉으시오.)
裏邊坐呀! [리볜쥐야.] (快)

[쾌] 어서
怎麽 [쩜마] (어째서 왓다 곧 가오?) 怎麽來了就走？ [쩜마래라쥐쭤] 어째서
就 [쥐] 바로
請 [칭] (당신 볼일 보십시오) 您請治公罷。[닌칭지 [즤] 꿍바] (手下人에게는 안 쓴다.) 시오
再見您哪！[째젠닌나] (您哪는 밑에 있어 極敬語가 된다) 또 뵙겠습니다.
您好啊！[닌환아] (您好啊 소리를 溫恭히 하지 않으면 不敬이다.) 평안하십니까?
請坐請坐。[칭쮜칭쮜] (請은 敬語니 手下人이면 你坐著이라고만 하다) 앉으시오, 앉으시오.
您回來了。[닌훼래라] (仕退한 人이나 出他했던 人에게 하는 人事) 돌아오셨습니까?
我不送啊！[워부쑹아] (主人이 客을 보낼 時에 房門外나 或은 大門까지 나와서 도 멀리 전송 못한다는 人事다.) 전송 못합니다.
不送不送。[부쑹부쑹] (客이 主人더러 餞送말라고 連하야 하는 말이다.) 나오지 마시오.
好啊, 您哪！[환아닌나] (您好啊 하면 普通平安하냐가 되고 好啊, 您哪 하면 極敬語가 된다.) 평안하십니까, 당신?

您請坐。[닌칭쮜] (主人이 앉으라 하면 그냥 앉는 것이 아니오, 서로 앉으라고 한다.) 당신 앉으십시오.
不錯。[부춰] 옳소이다.
您請便罷。[닌칭볜바] (主人이 奔忙하면 客이 일러서며 이러케 말한다.) 편히 계십시오.
您忙甚麽了？ [닌망섬마라] (客이 하려고 하면 主人이 依例히 하는 말이다.) 당신 무엇이 바쁘오?
用過飯了麽？[융궈앤라마] (用은 잡수다는 敬語다.) 진지 잡수섯소?
喝點酒罷。[허뎬쥬바] (茶와 酒와 水 等에는 喝라 한다.) 술 좀 잡수시오.
你去倒茶。[늬취따차] (下人을 命令하는 말이다.) 너 가서 차 따러라.
好, 你擱着。[환늬꺼저] 오냐, 놓아 두어라.
偏您飯子〔了〕。[펜닌앤라] (밥 다 먹고 나서 하는 말이다.) 혼자 먹었습니다.
理當理當。[리땅리땅] (훈자 먹었다는 말에 대한 回答) 不要緊。[부야오진] 괜찮습니다.
好說。[환숴] 천만의 말씀입니다.
點 [뎬] (은행에 일이 좀 있어요) (銀行裏有點事 [인항리역뎬

웨]) 좀 (잠간、즈[조] 금)

您去取錢去呀？[닌취취첸취야] (現在가는 것인 □□去가 上下에 있다) 당신 돈 찾으러 가시오?

我去匯筆錢去。[워취훼삐첸취] (돈 얼마 수를 말치 않으면 筆이다.) 난 돈을 좀 부치러 갑니다.

到家坐會兒罷。[따쟈워훼얼바] (會見은 時間에 對하야 좀이니 即、暫間이다) 집에 가서 좀 놀다 가시오.

是![의] (네,내가 집에서 기다리겠습니다) 是我在家恭候啊![의워째쟈꿍훟아] 네 (諾) (이 아래 恭候는 極敬語오 普通은 等이다.)

好說, 好說, 我必要去的。[환웨환웨워삐야취듸] (황송합니다. 내가 꼭 가지오.)황송합니다. (好說은 恭候의 答)

打 [따] (이는 前置詞니 何處로서 온다 하면 그 地名 우에다 打나 從을 놓고 그 下에 來를 놓는다) 서부터 (으로부터)

打銀行裏來。[따인항리래] 은행서부터 옵니다.

匯水怎麽個行市？[훼쉬전마거항 웨] (匯水는 여기 돈을 中國으로 보내면 銀푸리로 치는 것다) 환전 시제가 어떻소?

那一家做元寶買賣呢？[나이쟈웨원밧매매늬] 어느 집에서 원보 장사를 합니까?

我要看一份報, 不知是那個好。[워얀칸이뻔밧부즥의나거환] 내가 신문 하나를 보고자 하나 어느 것이 좋은지 모르겠습니다.

所有的事報得很快。[쒀얶듸읙밧듸헌쾌] 모든 일 내기를 매우 빨리 하지오.

説是 [쒀읙] 합니다.

説是朝鮮銀行。[쒀읙챤쎈인항] 조선은행이라 합데다.

見着他了麽？[젠저타라마] (着에 小過去를 붙이고 了麽에 疑問이다) 그 사람을 보셨습니까?

喂 [웨] (부르는 데는 이 字를 쓴다. 手下人에겐 喳라한다) 어이

合同是立了, 他還没打圖書。[허퉁읙리라타해메따투쑤] 계약은 하고 그가 아직 도장은 아니 첫습니다.

該有押金罷？[깨얶야진바] (該가 터이란 副詞다) 보증금이 있을 터이지오?

是得拿押金。[읙데□□□[나야진]] (得이 未來的이 된다는 副詞다) 네, 보증금을 내게 됩니다.

按着錢數兒先拿三成的。[안저첸

쑤얼쎈나싼청듸] 돈 수효에 대하
야 먼저 삼활을 보내는 것입니다.
今天初十 [진텐추윽] (初一初二로
　至 三十日까지 日字는 不要) 오
　늘이 초열흘입니다.
現在天短, 更顯着快呃〔呢〕。 [쎈
　얘텐돤경센저쾌늬] 지금 날이 짤
　라서 더구나 속하야 보이겠지오.
我看着來罷。 [워저칸 [칸저] 래바]
　(罷는 未定詞다) □ [제] 가
　보아서 오지오.
這個雨一半〔時〕兒不能住了。
　[저거위이웰얼부넝주라] 이 비
　가 쉽사리 그치지 않소.
那倒累贅。 [나닫례줴] 그것이 도
　리이 귀찬이요.
行不行? [싱부싱] 어떻소?
不行。 [부싱] 못 됩니다.
您不要駁價兒子〔了〕。 [닌부야
　뼈쟈얼라] (不要와 別는 말라는
　禁止詞다) 당신 값을 다루지 마
　시오.
一盒 [이허] (乾葡萄等) 한 갑
行啊! [싱아] 그러지오 !
你呃〔呢〕? [늬늬] (呢는 略詞
　니 呢한 字로써, 그 아랫말을 略
　해 버리는 것이다.) 너는?
這些東西 [저쎼둥시] (些가 들이
　다) 이 물건들
怎麽個捎法呃〔呢〕? [쩜마거쏴
　얘늬] 어떻게 부치시오?

這架鐘對不對? [저쟈종되부되]
　(架字가 없으면 時鐘이 되지 못
　한다) 이 시계가 맞소?
現在走晩不了啊。 [쎈얘쩌완부랴
　아] (了가 不字 下에 在하야 打
　消詞가 될 時는 音이 랴가 되는
　것이다) 지금 가서 늦지 않겠습
　니까?
恐怕晩上有霜罷? [쿵파완썅여쌍
　바] 아마 저녁에 서리가 있겠는
　걸요.
總算是好年頭。 [쭝쏸싀한녠퉈] 어
　젰든 좋년으로 치지오.
差不多都拜完了。 [차부둬뒤베완
　라] 거진 모두 다 새배했습니다.
叩大人節。 [쿠따옌졔] (下官이 上
　官에게 하는 말이다) 대인께서
　배 드립니다.
頂快。 [떵쾌] 아주 속하다
等回頭。 [떵훼퉈] 이담에
一管 [이관] (毛筆) 一根 [이껀]
　(鐵筆) 一塊 [이쾌] (手巾)
　한 개
一丁 [이떵] (墨) 一張 [이장]
　(書□) 한 장
毛病 [만뼁] 흠
書單子 [쑤딴쯔] 책 목록
不管多少 [부관둬쌰] 얼마든지
別忙。 [뼤망] 밧버 마시오.
怎麽少一件? [쩜마쌰이잰] (少는
　數爻中에서 없는 것 이니 모자란

다는 意다) 어째 한 가지가 없소?
甚麼時候兒開飯? [섬마휘얼캐앤] (開飯은 吃보다 體面의 話) 어느 때 밥 먹느냐?
請過去吃飯, 您哪! [칭궈취츠앤넌나] 가서 진지 잡수십시오.
等去給您打聽打聽. [덩취게넌따팅따팅] (等은 將次 갈러인 未來요, 打聽은 未來의 複式이다) 가서 알아보아 드리지오.
你點一點. [늬뎬이뎬] (點一點도 未來의 複式이다) 너 조사(調査)하여 보아라.
行, 借光. [싱졔꽝] 그러지오. 용서하십시오.
先給照應一點。 [쎈게좌영이뎬] 먼저 좀 주선하여 주십시오.
仔細、小心 [쯔시짠신] 조심
泰安棧在那條街。 [테안짠째나탸오제] (街路 한 가딱을 一條라한다) 태안산 [잔] 이 어느 길거리에 있느냐?
那麼 [나마] 그렇게(그러면)
這麼 [저마] 이렇게(이러면)
明 [밍] 번히
都 [떠] 모두
輕輕的 [칭칭듸] 살며시
差不多點 [차부둬뎬] 하마트면

第十八章 [被] 動詞用例 [뻬둥쯔융리]

被洋爐子烤的滿屋裏滾熱。[뻬양루쯔콰듸만우리꾼여] 난로에 찍어서 온 방안이 끓는다.
在這兒放的那個東西叫誰拿去了? [째저얼빵듸나거둥시쟈오쉬나취러] 여기다가 놓았던 그 물건이 뉘게 들어갔니?
河沿上的房子都叫水拉去了。 [허옌쌍듸빵쯔떠쟈오쉬라취러] 강가 이 집口 [에] 모다 물에 끌려갔소.
有個孩子被脚踢〔踏〕車撞了, 受的傷很重。 [여거해쯔뻬쟈오타쳐촹라쑈듸쌍헌쯍] 어린애가 자전차에 치여 몹시 다쳤소.
叫甚麼硏了個瘮窳上頭, 有殘疾了。 [쟈오섬마펑라거뻬위앙투여찬즤라] 무엇에 부드처 위가 우그러졌소. 병신 되었구려.
叫烟嗆的嗓子直咳嗽, 快躱一躱。 [쟈오옌챵듸쌍쯔즤커쏴쾌둬이둬] 연기에 알서 해서 목구멍에서 기침이 나니 어서 피합시다.
差不多點叫狗把衣裳扯破了。 [차부둬뎬쟈오꺼빠이쌍처퍼라] 조금 트면 개에게 옷을 잡아당겨 찢길 번햇습니다.
我叫這個貨又賠了若干的錢呢! [워쟈오저거훠여페라뤄간듸쳰늬] 내가 이 물건에서 또 약간 돈을 밋 젓소.
叫他嚇我一跳, 多歇没定住神。

[쟈타쌰워이탸돠쒜메딍주왼]
그에게 내가 깜짝 놀라서 한참 정신을 진정치 못했습니다.

第十九章 山東과 北京音의 別

北京音이 무릇 鮮文「가」字 줄에 屬한 것일전댄 山東音에는 鮮文「ㅈ」字로 變하고「차」字 줄은「카」字 줄로 化하나니 全篇의 字를 左에서 參考하라

九 [쮸, 규]   勁 [진, 긴]
誰 [위, 세]   和 [해, 허]
書 [유, 쉬]   紙 [즈, 쯔]
人 [옌, 인]   成 [쳥, 칭]
騎 [치, 키]   巧 [쟈, 갸]
收 [쓔, 슈]   角 [쟈, 갸]
拾 [의, 시]   起 [치, 키]
使 [의, 쓰]   肉 [유, 역]
是 [의, 쓰]   手 [쓔, 슈]
事 [의, 쓰]   結 [졔, 계]
敎 [쟈, 갸]   學 [쒸, 쮀]
欽 [친, 킨]   氣 [치, 키]
今 [진, 긴]   暖 [난, 난]
見 [젠, 견]   陰 [옌, 인]
市 [의, 쓰]   去 [취, 퀴]
街 [졔, 게]   斤 [진, 긴]
家 [쟈, 갸]   擾 [얀, 얀]
城 [쳥, 칭]   攬 [쟈, 갸]
銀 [옌, 인]   應 [영, 잉]
陝 [싼, 쎄]   己 [지, 기]
熱 [여, 여]   稱 [쳥, 칭]
幾 [지, 기]   價 [쟈, 갸]

緊 [진, 긴]　　　　　晨 [천, 친]
綢 [츄, 차]　　　　　趁 [천, 친]
都 [뚜, 두]　　　　　機 [지, 기]
借 [제, 게]　　　　　給 [께, 키]
警 [징, 깅]　　　　　審 [연, 신]
軍 [쥰, 균]　　　　　近 [진, 긴]
繞 [얃, 얃]　　　　　眞 [쩐, 찐]
磯 [지, 기]　　　　　界 [제, 게]
如 [쭈, 위]　　　　　然 [얀, 옌]
角 [쟈, 궈]　　　　　師 [시, 쯔]
旗 [치, 키]　　　　　脚 [쟈, 궈]
輕 [징, 깅]　　　　　受 [쑈, 쉬]
隔 [게, 꺼]　　　　　涉 [여, 쎄]
營 [영, 잉]　　　　　假 [쟈, 갸]
程 [청, 칭]　　　　　存 [윤, 춘]
泥 [늬, 미]　　　　　江 [장, 걍]
輕 [칭, 킹]　　　　　署 [우, 쉬]
均 [쥰, □]　　　　　次〔欠〕[첸, 켄]
驗 [앤, □]　　　　　加 [쟈, 갸]
巾 [진, 긴]　　　　　珍 [쩐, 찐]
金 [진, 긴]　　　　　稼 [쟈, 갸]
酬 [츄, 쿼]　　　　　球 [추, 콰]
短 [돤, 딴]　　　　　敎 [쟈, 갸]
任 [옌, 인]　　　　　祈 [취, 뤼]
硬 [영, 잉]　　　　　架 [쟈, 갸]
景 [징, 깅]

北京音은 滿洲語에 代表音이 될 것이오 山東音은 漢語에 代表音이다. 以下부터 模型的 會話로써 記入한다, 서로 對照應用할 것이다.

第二十章　形容詞應用例

禧〔喜〕歡的了不得。〔히환듸랴뿌더〕 깃버서 견댈 수 없습니다.
冷的了不得。〔렁듸랴뿌더〕 치워서 못 견대겠습니다.
痛的了不得。〔텽듸랴뿌더〕 아파서 견대지 못하겠습니다.
熱的了不得。〔여듸랴뿌더〕 더워서 못 견대겠습니다.
越大越好。〔웨따웨환〕 클수록 좋습니다.
越方越好。〔웨양웨환〕 모가 길수록 좋습니다.
怎麼那麼貴?〔쩜마나마귀〕 어쩨 그러케 빗삽니까?

痛得厲害。〔텅더리해〕 매우 아픕니다.
我不怕。〔워부파〕 나는 겁나지 안습니다.
這個辣椒很辣。〔저거라쟈흔라〕 이 고초는 퍽 맵습니다.
這個藥很苦。〔저거야흔쿠〕 이 약은 꽤 씀니다.
這個香瓜很甜。〔저거샹과흔톈〕 이 참의는 너무 답니다.
這個魚很腥。〔저거위흔싱〕 이 고기는 너무 비립니다.
這個醋很酸。〔저거쭈흔쫜〕 이 초는 매우 십니다.

第二十一章　動詞應用例

捨不得〔셔부더〕 놓을 수 없다
靠不得〔캬부더〕 밀을 수 없다
活不了〔휘부랴오〔랴오〕〕 살 수 없다
關不了〔관부랴오〔랴오〕〕 닫을 수 없다
看不見〔칸부젠〕 보이지 안는다
看不出來〔칸부추래〕 볼 수 없다
瞧不起〔챠부치〕 깔본다
拔出來〔빼추래〕 뽑아라.
你會唱麼?〔늬휘챵마〕 당신 노래할 줄 아십니까?
你出來罷。〔늬추래바〕 당신 나오시오.

你進來罷。〔늬진래바〕 당신 들어오시오.
你知道不知道?〔늬지단부지단〕 당신 아심니까 모르심니까?
懂得不懂得?〔둥더부둥더〕 알어든소 못 알어든소?
對不對?〔되부되〕 그럿슴니까 안 그럿슴니까?
中不中?〔즁부즁〕 맞소 아니 맞소?
合式不合式?〔허시부허시〕 적당하오 불적당하오?

清楚不清楚? [칭추부칭추] 똑똑하오 똑똑지 안소?

交給我。 [쟈게워] 전해 줍시오.
睡不着。 [쉐부쟈오] 잘 수 없습니다.

第二十二章 初面

您老貴姓? [닌롸귀싱] (請教貴姓?) [칭쟈귀싱] 영감 귀성은 무엇이오니까?

你貴姓? [늬귀싱] (你姓甚麼?) [늬싱섬마] 당신 성이 무엇입니까?

好說, 賤姓梁。 [한쉬, 젠싱량] 나의 성은 량가올시다.

您台甫怎麼稱? [닌태뿌졈마칭] 당신 존함은 무어라 하십니까?

你叫甚麼名兒? [늬쟈오섬마밍얼] (請教台甫?) [칭쟈오태뿌] 당신 일홈이 무엇이오?

你的名字叫甚麼? [늬디밍쯔쟈오섬마] 당신의 이름을 무엇라 합니까?

草家〔字〕理平。 [소쯔리핑] 나의 이름은 리평이올시다.

你多大歲數兒? [늬둬다쉬수얼] 당신 년세가 얼마시오?

貴庚? [귀경] (貴甲子?) [귀쟈쯔] 당신 무슨 생이시오?

你幾歲? [늬지쉬] 너 몇 살이나?

先生高壽? [션싱까오슈] 선생의 춘추가 얼마십니까?

今年三十一歲。 [진넨싼쓰이쉬] 금년이 삼십일 세입니다.

您住在那兒? [닌주째나얼] 당신 어대 계십니까?

我住在京城裏。 [워주째징청리] 나는 경성 시내에 있습니다.

你的雙親都在麼? [늬디쌍친둬째마] 당신 양친 시하십니까?

是, 父母都在。 [쓰후모둬째] 네, 량친이 계십니다.

你娶媳婦了没有? [늬취씌후라메유] 노형 장가 가셧소?

我有媳婦。 [워유씌후] 나는 안해가 있습니다.

你有幾個弟兄? [늬유지거듸슝] 당신 몇 형제시오?

我是弟兄三個。 [워쓰듸슘싼거] 나는 삼형제올시다.

有小孩没有? [유샤오해메유] 자제는 몇이나 두섯습닛가?

還没有小孩。 [한메유쌰오해] 아즉 아이는 없습니다.

久仰高名。 [쥬양까오밍] 성함은 일즉부터 포문햇습니다.

第二十三章 料理

老爺，要吃甚麼？［랖예얀츼섬마］영감 무엇을 잡수시겠습니까？

給我兩碗京米稀飯。［게워량완징메시앤］흰쌀죽 두 그릇을 주오.

已經吩咐了，還要甚麼？［이징쩐부라해얀섬마］벌서 말햇습니다. 또 무엇입니까？

我們不會喝酒。［워먼부회허쥬］우리는 술을 먹을 줄 모르오.

你拿個七星罐來。［니나거치싱관래］자네 약념병 가저오게.

還來一碗鰒魚湯。［해래이완반워탕］전복탕 한 그릇 또 가저오너라.

兩碗碗〔海〕參湯, 三碗焦三仙, 一大碗大頭魚湯, 一碗紅燒鷄, 三碗餃子。［량완해선탕싼완챠싼센이따완따투워탕이완훙쏘지싼완죠쯔］해삼탕 두 그릇, 초삼선 세 그릇, 도미탕 하나, 닭보기 하나, 만두 세 그릇.

殼〔够〕了。［꺼라］넉넉하다.

吃得了, 算賬罷。［츼더라, 쫜장바］다 먹었다. 계산해라.

第二十四章 路查（旅行）

你上那兒去？［니썅나얼취］당신 어대를 가시오？

我上天津去了。［워쌍텬진취라］나는 텬진을 갑니다.

你幹甚麼去？［니깐섬마취］당신 무슨 일로 가심닛가？

我看朋友去。［워칸펑유취］나는 친구를 보러 갑니다.

和誰一塊兒去呢？［허쉬이쾌얼취늬］누구와 같이 가십니까？

光我一個人去。［꽝워이거인취］나 혼자 갑니다.

你要坐車去麼？［니얀줘처취마］당신 차로 가시렵니까？

不是, 我坐馬車去。［부씌워줘마처취］아니오. 마차로 갑니다.

我想, 馬車不快當。［워샹마처부쾌당］내 생각에는 마차가 빠르지 못할 듯하오.

那麼你叫來一個自動車。［나마늬쟈래이거쓰［쯔］뚱처］그러며 당신 자동차 하나 부르시오.

到火車站要多兒錢？［단훠처잔얀둬얼첸］정거장까지 얼마나 달라오？

給五毛錢罷。［게오만첸바］오십 전 줍시오.

行罷, 快一點兒罷。［싱바쾌이뎬

얼바] 그리시오. 좀 빨리 갑시다.

到了, 到了。 [댜라댜라] 다 왔습니다.

第二十五章　買東西　[매둥시]

你要買甚麼東西？ [늬야오메섬마둥시] 당신 무슨 물건을 사시렵니까?

我要買雙洋襪子。 [워야오매쌍양와쯔] 나는 양말을 사려합니다.

有, 這個怎麼樣？ [역저거쩜마양] 잇슴니다. 이거 어떻습닛가?

這個不好, 没有別的麼？ [저거부환메욧볘디마] 이것 좋지 못하오. 다른 것 없소?

有, 等一等罷。 [역덩이덩바] 또 잇슴니다. 기다립시오.

這是很好的。 [저씌흔핫듸] 이것은 대단히 좋슴니다.

那個多少錢？ [나거둬쌰오쳰] 그거 얼맙니까?

一塊二毛錢。 [이쾌얼맛쳰] 일 원 이십 전입니다.

這個五毛錢, 給我零錢罷。 [저거우맛쳰께워링쳰바] 이것이 오십 전이오. 우수리를 주시오.

第二十六章　問病

掌櫃的在家兒麼？ [장귀듸재자얼마] 주인 장댁에 계십니까?

誰呀？請進來。 [쉬야칭진래] 누구시오? 어서 드러오시오.

久違久違。 [쥬위쥬위] 오래간만이올시다.

彼此彼此。 [볘츠볘츠] 피차 없슴니다.

請您上炕。 [칭넌샹캉] 어서 올라옵시오.

謝謝。 [셰셰] 고맙슴니다.

貴恙怎麼樣？ [귀양쩜마양] 병환이 엇더합니까?

還没好。 [해메핫] 아즉 낫지 안슴니다.

甚麼病？ [섬마빙] 무슨 병이십니까?

我想着凉了。 [워샹좌량라] 아마 감긴 듯합니다.

渾身酸痛, 還是發燒。 [훈썬쏸텅환씌예샾] 온몸이 쑤시고 또는 열이 납니다.

也有寒疾麼？ [예역한지마] 또한 한기도 있습니까?

對了。 [되라] 그럿슴니다.

你吃藥了没有？ [늬츼야오라메역]

당신 약 잡숫지 안헛습니까?
没吃。[메츅] 안 먹엇습니다.
你怎麼不吃？[늬쩜마부츅] 당신 웨 약 잡수시기를 마다시오?
我不願意吃藥。[워부원이츅얀] 나는 약 먹기를 실허합니다
我請一位大夫來。[워칭이위따우래] 내가 의시[사]를 한 사람 데려오겟습니다.
不敢當。[부깐당] 대단 죄송스럽습니다.
熱病 [여빙] 열병
咳嗽 [쿼우] 기침
肺病 [페빙] 폐병
瀉吐病 [세투빙] 토샤
胃病 [웨빙] 체증
惡心 [얀신] 답답증
痢疾 [리치] 리질
楊梅瘡 [양매챵] 매독

第二十七章 問路

我告訴你。[워꼬수늬] 당신에게 물어볼 말이 있습니다.
上新京是那麼走？[샹신징쓰나마쥑] 신경을 어떻게 갑니까?
我不知道, 問他罷。[워부지돠원타바] 난 모릅니다. 저이게 물어 봅시오.
這個道上那兒去的道？[저거돠샹나얼취듸돠] 이 길은 어대로 가는 길입니까?
到奉天。[따펑텬] 봉천으로 가는 것입니다.
過江麽？[궈쟝마] 강을 건너게 됩니까?
不過江。[부궈쟝] 강을 건너지 안습니다.
離這兒多遠？[리저얼둬웬] 여기서 얼마나 됩니까?
不很遠。[부흔웬] 그리 멀지는 안습니다.
謝謝您老。[셰셰닌롼] 대단히 고맙습니다.

第二十八章 學生談

你上那個學堂呢？[늬샹나거쒜탕늬] 당신 어느 학교에 다니시오?
講武堂。[쟝우탕] 사관학교입니다.
幾點鐘開, 幾點鐘散呢？[지뎬중캐지뎬중산늬] 몇 시에 상학하고 몇 시 하학입니까?
早起九點鐘開, 下午四點鐘散了。[쟈오치쥬뎬중캐쌰우스뎬중산나

[라]] 오전 구 시 시작하고 오후 네 시까집니다.

教習是幾位？ [쟈ㅇ싀읙지위] 교사는 몇 분입니까?

同共八位教習。 [퉁궁빠위쟈ㅇ싀] 모다 여덟 분입니다.

功課有幾樣？ [꿍커우지양] 과목은 몇 가지 나 잇습니까?

步兵科、山炮科、騎兵科，還是地理學、天文學，有好幾樣的。 [뿌빙커산퐈ㅇ커치빙커해읙디리쓔ㅛ텬원쓔ㅛ약환지양읙] 보병과, 산포과, 기병과 또는 지리학과 천문학, 여러 가지가 잇습니다.

北平裏有甚麽學堂？ [베핑리역섬마쉬ㅛ탕] 북평시에는 무슨 학교가 잇습니까?

法廷〔庭〕學堂、醫學堂。 [애띵쉬ㅛ탕이쉬ㅛ탕] 법정학교와 의학교입니다.

第二十九章　裁判

我們現在要打官司。 [워먼셴재야ㅇ따관스] 우리는 지금 재판할 작정이오.

好好兒説開怎麽樣？ [한한얼쉬캐점마양] 잘 화해를 하심이 엇덧습늣가.

他壞了不良的心腸。 [타훠라부량듸씬쟝] 그는 맘보가 틀렷습니다. 안됩니다.

我們不能不打官司。 [워먼부능부따관스] 우리는 불가불 재판을 해야겠읍니다.

姓李的事情還没判決麽？ [싱리듸스칭해메판궤마] 이서방의 사건은 아즉 판결이 아니 낫소?

他的事已經定規了。 [타듸스이징띵궈라] 그 사건은 벌서 판결이 낫습니다.

昨兒晚上你們家裏來賊了麽？ [줘얼완상늬먼쟈리래제라마] 어제 밤에 댁에 도적이 드러왓습니까?

不錯。 [부춰] 그럿습니다.

現在各處兒有團〔圖〕財害命的事很多。 [현제꺼추얼역단채해밍듸스흔뒤] 요즘 각처에서 재물과 생명을 해하는 일이 많은 모양입니다.

那個是官府不好，認不真的緣故。 [나거읙관ㅍ부환옌부진듸왠꾸] 그것은 관청에서 단속을 잘 하지 안는 까닭입니다.

第三十章　問職業

城裏的人大概是做甚麼生意？［청리듸인따개왜줘섬마성이］성안 사람들은 무슨 생활을 합니까?

那是各子〔自〕各樣的。［나왜꺼쯔꺼양듸］그것은 가지각색이지오.

木匠、石匠、鐵匠、剃頭的、照像的、洗衣裳的、屠户、畫工、做莊稼的、做官的、和尚、算命的、帶道的。［무쟝싀쟝톄쟝틔투듸쟈샹듸씨이샹듸투후화꿍줘좡쟈듸줘관듸허샹쏸밍듸대단듸］목수, 석수장이, 철공, 이발사, 사진사, 세탁인, 도수장, 화가, 농민, 관리, 중, 점장이, 안내자.

第三十一章　年賀　［녠허］

新喜新喜。［신시신시］환세 안녕하십니까.

同喜同喜。［퉁시퉁시］같이 기쁩니다.

恭喜發財呀！［꿍시빠예야］부자가 되셨다니 고맙습니다！

借您吉言。［졔닌지옌］당신에 길한 말슴을 빕니다.

年都拜完了麼？［녠뚜빼완라마］세배 모두 하셨습니까?

差不多都拜完了。［차부둬뚜배완라］거건 모두 다 햇습니다.

您看見金先生麼？［닌칸졘진셴엉마］당신 김선생 보셧습니까?

他昨天送拜年帖來了。［타줘톈쑹베녠톄래라］그가 어제 연하장을 보냇습니다.

你年下好啊？［늬녠샤하아］설에 잘 지내섯습니까?

托大人福。［퉈따연꽌］대인의 덕택으로 잘 지냇습니다.

倒茶。［따차］차 따러라.

大人請便。［따옌칭뼨］대인 편안히 계십시오.

第三十二章　迎送

誰呀？［워야］누구냐?

我呀！［워야］나요.

您來了？［닌래라］오셧소?

您回來了？［닌훼래라］도라오셨습니까?

裏邊坐呀！［리볜줘야］드러와 앉

으시오.
我不坐着了。[워부쭤저라] 나는 드러가 안 [앉] 지 앓 [안] 켓습니다.
怎麼來了就走？[쩜마래라쥬쭤] 어제서 왓다가 곧 가시오?
您很忙啊？[닌헌망아] 당신 매우 바쁘십니다, 그려?
是，我走。[씩워쭤] 네, 갑니다.
不送，不送。[부쑹부쑹] 나오지

맙시오.
請走，請走。[칭쭤칭쭤] 어서 가십시오.
請回，請回。[칭훼칭훼] 드러가시오.
再見，再見。[째젠째젠] 또 만납시다.
再見，您哪。[째젠닌나] 또 뵙겟습니다.

第三十三章 吃飯時 [츼앤쯰]

吃飯哪？[츼앤나] 밥 자시구려.
早過了。[짜궈라] 벌서 먹엇습니다.
喝點酒罷。[허뎬쥬바] 술 좀 잡수시렵니까?
我不喝。[워부허] 난 먹지 안습니다.
偏您吃呀！[펜닌츼야] 혼자 먹습니다.
您請吃呀！[닌칭츼야] 잡수세요.

你去吃飯。[늬취츼앤] 너 가서 밥 먹어라.
我自己喝。[워쯔지허] (茶를 먹는다는 말) 나 혼자 먹으마.
您抽烟。[닌쳐옌] 담배 픠시오.
我纔抽了。[워채쳐라] 난 막 픠었습니다.
拿洋火給先生。[나양훠께쎈엉] 석양 갓다가 선생께 드려라.

第三十四章 途遇 [뚜위]

那兒去您哪？[나얼취닌나] 어디를 가십니까?
我上東街去。[워쌍둥졔취] 둥문거리에를 갑니다.
有甚麼事呀？[역섬마씌야] 무슨 일이 있어서요?

銀行裏有點事。[인항리역뎬씌] 은행에 일이 좀 있습니다.
甚麼銀行啊？[섬마인항아] 어떤 은행입니까?
是朝鮮銀行。[씌챠쎈인항] 조선은행입니다.

幾時回來呀？ [지으ㅣ훼래야] 언제 도라오시오?
一會兒就來。 [이훼얼쭈래] 조금 있으면 곧 오겟습니다.
您請走罷。 [닌칭쬬바] 어서 가십시오.
回頭見, 您哪。 [훼투졘닌나] 잇다 뵙겟습니다.
是, 回頭見。 [으ㅣ훼투졘] 네, 잇다가 만납시다.

第三十五章　新報 [신빠오]

看甚麼哪？ [칸섬마나] 무엇 보십니까?
看報哪。 [칸빠오나] 신문 봅니다.
有甚麼新聞麼？ [역섬마신원마] 무슨 소문이 잇습니까?
甚麼說兒也没有。 [섬마쒀얼예메역] 아무 말도 없습니다.
我要看一份報, 不知是那個好。 [워야오칸이쮠빠오부즈ㅣ으ㅣ나거환] 내가 신문 하나를 보고자 하나 어느 것이 좋은지 모르겠습니다.
頂好是東亞日報, 別的都趕不上他。 [띵하오으ㅣ둥아이ㄹ빠오뻬디뚜깐부쌍타] 제일 좋기는 동아일보요. 다른 것은 그만 못합니다.
事情報的怎麼樣？ [으ㅣ칭빠오디쩜마양] 사실 내는 것이 어떠합니까?
所有的事報得很快。 [쒀역디으ㅣ빠오디헌콰이] 모든 사건을 매우 빨리 냅니다.

雜誌呢？ [짜즈ㅣ늬] 잡지는요?
就是三千里。 [쮸으ㅣ싼쳰리] 삼천리지요.
主筆是誰？ [주삐으ㅣ쉐이] 주필은 누구요?
説是金巴人。 [쒀으ㅣ진빠연] 김파인이라 합니다.
一個月出幾本？ [이거웨추지뻔] 한 달에 몇 권이 납닛가?
一年十二本。 [이녠으ㅣ얼뻔] 일 년에 열두 권입니다.
多兒錢一本？ [뒤얼쳰이뻔] 한 권에 얼맙니까?
連帶費三角錢一本。 [롄때에싼챠오쳰이뻔] 우세까지 한 권에 삼십 전입니다.
報館在那兒？ 您知道麼？ [빠오관째나얼닌즈ㅣ따오마] 발행소가 어디 있는지 당신 아십니까?
在京城裏賣。 [째징청리매] 경성에서 팝니다.

第三十六章 合同 [허통] (계약)

您纔回來呀? [넌체훼래야] 인재야 도라오시오?

是, 纔回來。 [쓰체훼래] 네, 인제야 도라옵니다.

事情行了麼? [쓰칭싱라마] 일이 되었습닛가?

還没妥呢。 [해메퉈늬] 아직 다 되지 못 하였습닛가.

能行不能行? [넝싱부넝싱] 잘 되겟소 못되겟소?

許能行。 [쉬넝싱] 잘 될 듯합니다.

幾時的期? [지쓰듸치] 언제 기한이요?

個半月。 [꺼반웨] 한 달 반입니다.

立了合同了没有? [리랴허퉁라메역] 계약을 햇소 아니 햇소?

合同是立了, 他還没打圖書。 [허퉁쓰리랴타해메따투쑤] 계약은 하고 그가 아직 도장은 치지 안엇습니다.

該有押金罷? [깨여야진바] 보증금이 있을 터이지오?

是, 得拿押金。 [쓰, 데나야진] 네, 보증금을 내게 됩니다.

怎麼定規的? [쩜마떵케듸] 어떻게 작정한 것이오?

按三七定押的。 [안싼치떵야듸] 삼칠 계약금으로 정햇습니다.

三七是怎麼個規矩呢? [싼치쓰쩜마거꿰쥐늬] 삼칠계약이란 어떻게 하는거요?

按着錢數兒先拿三成的。 [안저첸쑤얼쎈나싼청듸] 돈 수효에 대하야 먼저 삼할을 내는 것입니다.

第三十八章[1] 天氣 [텐치]

下雨麼? [쌰위마] 비가 옵니까?

雨打滴兒了。 [위따듸얼랴] 비방울이 덧습니다.

你帶着傘了麼? [늬때저싼라마] 우산 가젓습니까?

我没帶着。 [워메때저] 나은 우산을 가지지 안햇습니다.

趕快走罷。 [깐쾌쪼우바] 빨리 갑시다.

等晴了再走罷。 [떵칭랴째쪼우바] 개이거든 가시오.

颳那邊風呢? [꽈나볜엉늬] 어느 편 바람이 부느냐?

掉了西風了。 [댜오랴시엉랴] 서풍으로 돌처졋습니다.

---

[1] 原文如此。

道兒好走麼? [단얼환쩌마] 길이 다니기 좋으냐?

净稀瀿, 頂不好走。 [징시녕띵부환쩌] 맨탕 질어서 아주 다니기 어렵습니다.

把我的雨鞋拿出來。 [빠워디위쎼나추래] 나의 진신을 끄내여라.

您要出門, 非坐車不行啊! [닌야추먼예웨쳐부싱아] 당신 출입하시려면 차 타서야 합니다.

第三十八章 春夏 [춘쌰]

今兒天氣好。 [진얼텐치환] 오늘 일기가 좋습니다.

是好天了。 [쓱환텐라] 네, 좋은 날 입니다.

這兩天頂暖和。 [저량텐띵난허] 요새 이틀은 아주 따뜻합니다.

是, 花快好開了。 [쓱화쾌환캐라] 네, 꽃이 거진 피게 되겟습니다.

咱們溜達一天去。 [따먼류따이텐취] 우리 하로 산보 갑시다.

趕下禮拜好不好? [깐샤리배환부환] 다음 주일쯤이 어떻습니까?

好, 再晚了花好謝了。 [환째완라화환쎼라] 좋습니다. 더 늦으면 꽃이 지기 쉽습니다.

天熱呀! [텐여야] 날이 덥습니다 그려.

是, 眞熱。 [쓱쩐여] 네, 참 덥습니다.

天太乾不是呀? [텐태깐부쓱야] 날이 너무 가물지 안습니까?

是啊, 旱的利害。 [쓱아한듸리해] 그럿습니다. 몹시 가무는데요.

第三十九章 秋冬 [츄둥]

早晚兒凉的很。 [쨔완얼량듸헌] 아침 저녁이 대단히 찹니다.

恐怕晚上有霜罷? [쿵파완썅역쌍바] 아마 저녁에 서리가 있겟는 걸요?

下霜也不怕, 莊稼都熟好呢。 [쌰쌍예부파쫭쟈뚜쑤환늬] 서리가 와도 무섭지 안습니다. 곡식이 아주 다 익었으니까.

今年有幾成年景啊? [진녠역지청녠징아] 금년에 몇 할 농사나 됩닛가?

總算是好年頭, 够個八九成。 [쫑쏸쓱환녠투꺼거빠쥬청] 어쨋든 풍년으로 칩니다. 한 팔구 할이나 됩닛가.

冷啊! [렁아] 춥습니다그려.
是, 冷啊。 [쓰렁아] 네, 춥습니다.
這屋裏很暖和。 [저우리헌난허] 이 방안이 매우 따뜻합니다.
一冬天燒幾頓〔噸〕煤呢? [이둥텐쏘지뚠메늬] 한 겨울에 몇 돈 석탄이나 피십니까?
一個爐子兩頓〔噸〕煤也不夠。 [이거루쨩량뚠메예부꺼] 난로 하나에 두 돈 석 탄도 부족입니다.

第四十章 買書籍 [매쑤지]

有新到的好書沒有? [역신따디핟쑤메역] 새로 나온 좋은 책이 있습니까?
有, 新書來的多了。 [역신쑤래디둬라] 있습니다. 신서가 많이 왔습니다.
這是甚麼書啊? [저쓰섬마쑤아] 이것이 무슨 책입니까?
那是理財書啊。 [나쓰리채쑤아] 그것은 경제학입니다.
把他抽出一套來。 [빠타철추이탈래] 그것을 한 갑 빼여 내시오.
一部賣多兒錢? [이부매둬얼첸] 한 책에 얼마 받습니까?
新書貴呀! [신쑤궤야] 신서가 비쌉니다.
十五元錢一部。 [쒀우웬첸이부] 한 책에 십오 원입니다.
尺牘是那一種的好呢? [측두쓰나이쭁듸핟늬] 척독은 어떤 종류가 좋습니까?
八賢手札不錯。 [빠쎈쏘자부춰] 팔현수찰이 괜찮습니다.
有書單子給我一本。[역우딴쓰 [쯔] 께워이뻰] 책 목록이 있으면 한 권 줍시오.

第四十一章 買書畵 [매쑤화]

這張畵多兒錢? [저장화둬얼첸] 이 그림 얼마입니까?
一張一塊半錢。 [이장이콰빤첸] 한 장에 일 원 오십 전입니다.
八角錢行不行? [빠쟢첸싱부싱] 팔십 전 어떻습니까?
那有那麼些謊價呢? [나우니마셰황쟈늬] 어디 그렇게 많은 외누리가 있습니까?
你要的價錢太大。 [늬야디쟈첸태따] 달라는 값이 너무 많습니다.
您要買, 再添多少罷。 [닌야매쩨텐둬쏴바] 당신 사시려면 얼마 더 냅시오.

不行。[부싱] 못 됩니다.
價錢我遞到底了。[쟈쳰워듸따듸라] 값을 내가 한 끗 받으시라 햇습니다.
好, 賣給你罷。[하매게늬바] 그럽시오. 가저갑시오.

第四十二章 買果子 [매궈쯔]

買點兒點心罷。[매뎬얼뎬신바] 과자 좀 삽시다.
您要甚麽點心? [닌야오섬마뎬신] 당신 무슨 과자를 달라십니까?
要錢〔幾〕塊月餅、二斤雪糕。[야오지쾌웨삥얼진쉐까오] 몇 개 월병과 두 근 설당을 줍시오.
鷄蛋糕您用不着啊? [지딴까오닌용부쟈오아] 지딴가오①는 아니 쓰십니까?
用不着。[용부쟈오] 아니 쓰겠습니다.
有乾葡萄, 給一盒。[여깐푸탸오께이허] 건포도가 있으면 한 갑 줍시오.
把這些都包上啊? [빠저셰뚜바오샹아] 이것들을 모두 싸오리까?
先那麽擱着。[셴나마꺼저] 아직 그대로 놓아 둡시오.
您還用甚麽東西? [닌해용섬마둥시] 당신 또 무슨 물건을 쓰십니까?
八寶和五花, 兩樣兒均勻着秤一斤。[빠바오허우화량양얼쥰윤저청이진] 팔보와 오화당 두 가지 얼러서 한 근 답시오.
行啊, 這都有了。[싱아저뚜여라] 그럽지오. 다 되었습니다.

第四十三章 禮拜 [리배]

今兒初幾? [진얼추지] 오늘이 초 몇일입니까?
今天初五。[진톈추우] 오늘이 초오일입니다.
禮拜幾呀? [리배지야] 무슨 요일입니까?
禮拜六啊。[리배류아] 토요일입니다.
不是禮拜五啊? [부어리배우아] 금요일 안입니까?
否〔不〕, 明天禮拜呢。[부밍톈리배늬] 아닙니다. 내일이 공일인데요.
明天你來不來? [밍톈늬래부래]

---

① 지딴가오: 鷄蛋糕. 카스테라.

"內鮮滿" 最速成中國語自通

내일 노형 오시겟습니까?
我没工夫。 [워메꿍꽈] 나는 올 틈이 없습니다.
禮拜還有甚麼事? [리배해유섬마의] 공일에도 또 무슨 일이 있단 말이오?
許有別的事。 [쉬유볘디의] 다른 일이 있을 듯합니다.
你務必來呀。 [늬우삐래야] 아무쪼록 옵시오.

第四十四章 坐車問答 [쭤쳐원따]

您上那兒去了? [넌쌍나얼취라] 당신 어디를 가시오?
我上天津去了。 [워쌍톈진취라] 나는 천진을 갑니다.
小孩子算錢麼? [쌰해쯔솬첸마] 어린 애도 돈 받습니까?
小孩兒是半票。 [쌰해얼의빤퍄오] 어린 애는 반표지오.
走多大工夫呢? [쩌뒤따꿍꽈늬] 얼마동안이나 갑니까?
快車是三點鐘的工夫。 [쾌처의싼뎬쭝듸꿍꽈] 급행차는 세 시간 걸립니다.
那麼慢車呢? [나마만처늬] 그러면 완행차는요?
慢車是六點鐘。 [만처의루뎬쭝] 완행차는 여섯 시간 걸립니다.

第四十五章 問車時間 [원처의젠]

甚麼時候兒了? [섬마의훠얼라] 어느 때입니까?
十二點兩刻了。 [의얼뎬량커라] 열두 시 삼십 분입니다.
這架鐘對不對? [저쟈쭝되부되] 이 시계가 맛습니까?
稍微慢一點兒。 [쌰웨만이뎬얼] 조금 덜 갑니다.
開北京的車是甚麼時候? [캐뻬징듸처의섬마의훠] 북경으로 떠나는 차는 어느 때입니까?
一点鍾兩班車。 [이뎬쭝량빤처] 새로 한 시에 둘재 차입니다.
現在走晚不了啊? [쎈째쩌완부랴오아] 지금 가서 늦지 안켓습니까?
許能趕得上車。 [쉬넝간더쌍처] 능히 차 시간에 미칠 듯합니다.
那麼我就要走了。 [나마워쥬야오쩌라] 그러면 나는 곧 가겟습니다.
您等下趟車再走罷。 [넌뎡쌰탕처째쩌바] 당신 다음 차를 기다려서 가시오.

第四十六章 到車站 [따처쟌]

車還沒開了。[처해메캐라] 차가 아직 아니 떠났다.

哈!搖了鈴了。[하야라링라] 하아, 요령 흔든다.

您要打幾等票? [넌야따지덩퍄오] 당신 몇 등 차표를 사시렵니까?

我要打頭等票。[워야따투덩퍄오] 나는 일등 차표를 살 터입니다.

咱們到候車房裏坐坐。[짜먼딴휘처앙리웨워] 우리 대합실에 가서 앉읍시다.

吹了哨了。[쒸라쌰오라] 호각을 붑니다.

車就要開了。[처쥬야오캐라] 차가 곧 떠나려합니다.

咱們快上車呀! [짜먼쾌쌍처야] 우리 어서 차에 오릅시다.

您請靠後些兒。[넌칭콰후셰얼] 당신 뒤로 조금 다거 앉으시오.

第四十七章 到客棧

您隨那條船來的? [넌쉐나탸오촨래듸] 당신 어느 배로 오섯습니까?

我隨保康船來的。[워쉐바오캉촨래듸] 나는 보강호로 왔습니다.

給我打盆水來。[게워따펀쒜래] 나에게 물 한 대야 떠다 주시오.

送過去您哪? [쑹궈취넌나] 가저 갑니다.

把行李都搬進來。[빠싱리뚜빤진래] 행장을 모두 가저오시오.

行李都搬來了。[싱리뚜빤래라] 행장을 다 가저왔습니다.

船〔舢〕板是多兒錢? [싼빤싀뒤얼쳰] 종선 선가는 얼마요?

是,兩角錢。[싀량쟈오쳰] 네, 이십 전입니다.

損力哪? [캉리나] 메고은 삭전은?

一件五十個大錢。[이젠우싀거따쳰] 한 건에 한 량식입이다.

第四十八章 開飯 [캐앤]

拿開壺來。[나캐후래] 더운물 주전자를 가저오너라.

送來了您哪。[쑹래라넌나] 가저왔습니다.

甚麼時候〈兒〉開飯? [섬마싀휘얼캐앤] 어느 때 밥 먹느냐?

這就開飯了。［저쥬캐앤라］곧 밥이 됩니다.
您給我上街買點東西。［넌계워썅졔매뎬둥시］너는 길에 나가서 물건 좀 사다다구.
買甚麼您哪？［매섬마넌나］무슨 물건을 사시렵니까?
給我買半斤茶葉。［계워매빤진자예］차 반 근만 사다다구.
還買甚麼呢？［해매섬마늬］또 무엇을 사시렵니까?
再給我買塊手巾。［째계워매쾌쏴진］또 수건 한 개 사다다오.
請過去吃飯您哪。［칭궈취츼얜넌나］가서 진지 잡수십시오.

第四十九章 將出棧 ［쟝추짠］

去天津的船來了。［취톈진듸촨래라］천진 가는 배가 왔습니다.
甚麼時候兒開？［섬마읙훠얼캐］몇 시에 떠납니까?
明天一清早就開。［밍톈이칭쫘쥬캐］내일 첫 새벽에 떠납니다.
從這兒到天津, 多兒錢的船票？［쭝［엉］저얼따톈진둬얼쳰듸촨퍄오］여기서 천진 가는데 선가가 얼마입니까?
上艙票十二元五角。［썅챵퍄오싀얼웬우쟈오］일등 선가는 십이 원 오 십 전입니다.
你甚麼時候兒上船呢？［넌섬마읙훠얼썅촨늬］당신 어느 때 배에 오르시겠습니까?
今兒個傍下晚兒上船。［진얼거팡쌰완얼썅촨［촨］］오늘 해 저서 배에 오르겠습니다.
您買甚麼東西趁早辦置。［넌매섬마둥시천쫘빤즤］당신 무슨 물건이고 사시려면 일즉 암치작만 합시오.

第五十章 上船 ［썅촨］

上船了, 老客。［썅촨라롸오커］배에 오르십시오, 손님.
好, 你們給我上船。［하오늬먼계워썅촨］그래라. 너희가 나를 배에 올려다오.
您請放心罷。［넌칭퐝신바］염려 마십시오.
從那個碼頭上船哪？［쭝나거마투썅촨나］어느 선창에서 배에 오르느냐?
就在這本碼頭。［쥬째저뻔마투］곧 여기서입니다.

有怕濕的, 別迸上浪花子。[여파읙듸뻬뼁앙랑화쯔] 젖을가 무서우니 물방울 뛰여오르게 말아라.
大船〔舢〕板上, 不上浪啊。[따산빤앙부앙랑아] 큰 종선에는 물결이 오르지 안습니다.
從那個梯子上去哪? [쫑나거틔쯔앙취나] 어느 사다리로 올라가느냐?
從官梯子上去罷。[쫑관틔쯔앙취바] 상등 사다리로 올라가십시오.
船快開了。[촨쾌캐라] 배가 장차 떠납니다.
好, 你回罷。[한늬회바] 그러냐. 돌아가거라.
您一路保重。[닌이루바쭝] 행로에 보중하십시오.
回來再見罷。[훼래짼졘바] 다녀와서 또 만나자.

第五十一章 船進口 [촨진퀴]

船上挂了進口旗了。[촨앙과라진퀴치라] 배 위에다가 항구에 들어오는 기를 달았다.
船進口下錨了。[촨진퀴샤마라] 배가 항구에 들어와서 닻을 주었다.
隔岸上有多遠呢? [꺼안앙유뒤웬늬] 육디에서 얼마나 됩니까?
離岸不遠, 有一里來地。[리안부웬유이리래듸] 해안에서 멀지 아니합니다. 한 일 마장 됩니다.
得多兒錢? [데둬얼쳰] 선가가 얼마다 됩니까?
一個人不過兩角錢。[이거옌부궈량죠쳰] 한 사람에 불과 이십 전입니다.
您到那裏去? [닌따나리취] 당신은 어디까지 가시오?
我到英國租界。[워따잉궈쭈졔] 나는 영국 조계까지 갑니다.

第五十二章 客棧人 [커짠옌] (객주)

客棧的人上來了。[커짠듸연앙래라] 객주 집 사람 았 [왔] 습니다.
下船罷, 老客。[샤촨바라오커] 배에서 내리십시오, 손님.
您是那一家? [닌읙나이쟈] 너는 어느 집이냐?
我是星南棧。[워읙싱난짠] 성남잔 객주입니다.
星南棧在那條街? [싱난짠째나탸재] 어느 길에 있느냐?

就在大馬路西頭。 [쥬왜따마루시투] 곧 대마로 큰길 쪽입니다.
您瞧, 我的行李一共十二件。 [닌챠워듸싱리이꿍옄얼졘] 너 보아라. 나의 행장이 모두 열두 가지다.

您先下船。 [닌쎤쌰촨] 당신 먼저 배에서 내리십시오.
行李我給您驗關。 [싱리워꺼닌연관] 행장은 재가 해관에 검사해 드리겟습니다.

第五十三章 土地問答 [투띠원따]

我打聽您點事兒。 [워따팅닌뎬얼] 내가 당신에게 좀 물을 말이 있습니다.
甚麼事情請説吧。 [섬마옄청칭쒀바] 무슨 일이오 말씀 하시오.
聽説有塊地要賣, 是眞的麼? [팅쒀역콰듸얃매옄쩐듸마] 들으니까 땅이 있어 팔다 하니 참말입니까?
不錯。 [부춰] 그럿습니다.
這邊一畝地得多兒錢? [저볜이무듸데둬얼쳰] 여기서 한 무지에

값이 얼마나 됩니까?
不一樣, 當看買甚麼樣的地。 [부이양땅칸매섬마양얼듸듸] 다 같지 안습니다. 땅 사기에 달렸습니다.
這邊的地畝怎麼個名目呢? [저볜듸듸무쩐마거밍무늬] 여기 지무는 명목이 어떤 것입니까?
一畝地爲一日地, 俗名叫一天地。 [이무듸에[웨] 이얼듸쑤밍쟈이텐듸] 한 무지가 하루 갈이인데? 속명으른 일천지라합니다.

第五十四章 接客 [졔커]

今天閑着啊? [진텐쎤저야] 오늘 한가하십니까?
今兒個禮拜。 [진얼거리배] 오늘이 공일입니다.
喝茶呀! [허차야] 차 자시오.
您請便罷。 [닌칭볜바] 편이 계십시오.

耽誤您的工夫啊! [딴우닌듸꿍왂아] 당신의 시간을 방해 햇습니다.
我閑着没事呢。 [워쎤저메옄늬] 나는 한가합니다.
改天再來領敎罷。 [깨텐째래링쟈바] 다른 날 또 와서 말씀 듣겠습니다.

內鮮滿最速成 中國語自通

南昌書館 著

京城 南昌書館 發行

第一章 整數

(육)륙 (오)오 (사)자 (삼)삼 (이)이 (일)이
ロク ゴ シ サン ニ イチ

一 이
二 이
三 삼 サン
四 쓰 シ
五 十 ウ
六 밋 リク

(칠)칠 (팔)팔 (구)구 (십)집 (백)빅 (천)천
シチ ハチ キウ ジフ ヒャク セン

七 시치
八 따 ハ
九 쿠 ジウ
十 매 シ
百 빅 ヘイ
千 첸 ヱン

만 (マン)	완 萬 ワン	팔원 (ハチヱン)	따쾌쳰 凡塊錢 パコアイチヱン
억 (オク)	위완 萬萬 ワンワン	오전 (ゴセン)	우거쯔얼 五個字兒 ウゴツツエル
조 (チョウ)	짱 兆 ザオ	삼전 (サンセン)	싼거둥쯔얼 三個銅字兒 サンゴトウツツエル
한개 (ヒトツ)	이거 一個 イゴ	칼한자루 (ホウチョウイッチョウ 一本ノカタナ)	이바더우 一把刀 イパトウ
두개 (フタツ)	량거 兩個 リャンゴ	소곰다섯근 (しホゴキン)	우진졘얜 五斤鹹塩 ウジンヂエンイエン
일원 (イチヱン)	이콰이쳰 一塊錢 イコアイチヱン	간장한통 (ジョウユイットウ)	이팅쳥쟝 一桶淸醬 イトウチンヂヤン
십전 (ジッセン)	이마오쳰 一毛錢（一角兒錢） イマオチヱン（イコエルチヱン）	마분지석장 (バフンシサンマイ)	싼쟝황짊 三張黃紙 サンヂャンホアンズイ
사원 (ヨンヱン)	쓰콰이쳰 四塊錢 ツゥインチヱン	이십여개 (ニジフヨコ)	얼싀뒤거 二十多個 ヱルスィドウオ

第二章 天文門(텬문대)

하눌(ソラ) 天(テン)
바람(カゼ) 風(ベン)
비(アメ) 雨(ウイ)
서리(シモ) 霜(サン)
눈(ユキ) 雪(セツ)
이슬(ツユ) 露(ル)

놀(カスミ) 霞(カ)
안개(キリ) 霧(ウ)
연기(ケムリ) 烟(エン)
우뢰(カミナリ) 雷(レ)
공기(クウキ)(김) 氣(치)
전기(デンキ) 電氣(テンチ)

우박（ヒヨウ）	밥판電子バオス	눈낫（セツペン）	셀편雪片スエペン
구름（クモ）	눈채雲彩ユンチアイ	달（ツキ）	떽량月亮ユエリヤ
무지개（ニジ）	째깡彩虹ツァイカン	천구（テンキウ）	쎌큐天球テンチウ
회호리바람（ツムジカゼ）	旋風（羊角風）シュアンフォン・ヤンチアオフォン	어슬픈날（ドウテン）	인텐陰天インテン
버락（イカヅチ、ヘキレキ）	크뻬霹靂ピレ	조흔날（ヒヨリ）	할텐好天ハオテン
무서리（ケイソウ）	청쌍輕霜チンサ	호린날（ドンテン）	나오텐鬧天ナオテン
된서리（ダンサウ）	중쌍重霜ヂウンシヤン	개인날（セイテン）	칭텐晴天チンテン
눈쌀（セツカ）	쎌화雪花シエフア	공중（ソラ）	텐콩天空テンクン

四

추성(미성)	루성	초생달	열자
(スイセイ)	帚星 (ザウシン)	初生月 (ユミハリヅキ)	月芽 (ユニヤ)
기우제 (アメノイノリ、キウ	祈雨 (チウイ)	두엇한달 満月 (マンゲツ)	圓月 (ユエニユ)
アマゴヒマツリ)			
기청제 (キセイサイ)	祈晴 (チウチン)	폭풍 (アラシ)	暴風 (パオペン)
큰비 (オホアメ)	大雨 (ダユイ)	대풍 (オホカゼ)	大風 (ダオペン)
가랑비 (コマカイアメ)	細雨 (シユイ)	순풍 (ヨイカゼ)	順風 (シユンペン)
소나기 (ユウダチ)	暴雨 (パオユイ)	역풍 (オイカゼ)	頂風 (デンペン)
이슬방울 (ツユダマ)	露水珠兒 (ルスイジユエル)	동풍 (ヒガシカゼ)	東風 (ツンペン)
태 (ヒ)	日頭 (ジウ)	서풍 (ニシカゼ)	西風 (レペン)

남풍(ミナミカゼ)	南風 ナンプウ	꼬리드친별(ハウキボシ)	彗星 スイセイ
북풍(キタカゼ)	北風 ホクフウ	유성(リウセイ)	流星 リウセイ
태양(タイヤウ)	太陽 タイヤウ	은하수(アマノガワ)	天河 テンガ
일식(ニッショク)	日蝕 ニッショク	북두성(ホクトセイ)	北斗 ホクト
월식(ゲッショク)	月蝕 ゲッショク	이슬비(ホソアメ)	濛松雨 マンシヨンイ
달무리(ツキガサ)	風暈 ハンウン	하느님(アマツカミ)	天神 テンシン
해무리(ヒガサ)	日暈 ニチウン	동남풍(トウナンノカゼ)	東南風 トンナンフウ
별(ホシ)	星 ホシ	동북풍(トウホクノカゼ)	東北風 トンペーフウ

六

반음반청
(セイドンハンヘン)

날이걸다
(ヒナガシ)

우뢰한다
(カミナリガナル)

번개친다
(イナビカリカヒカル)

비온다
(アメガフル)

눈온다
(ユキガフル)

안개건다
(キリガカカル)

서슬나린다
(ツユガフル)

반음반청
坐陰坐晴
ハンインハンチン

천장
天霽
アンチアン

머러
打雷
ダレイ

머위
打閃
ダセン

싸위
下雨
サユイ

싸스
下雪
サスエ

싸우
下霧
サウ

싸루
下露
サル

서티친다
(シモガフル)

날든다
(ハレル)

날이흐리다
(クモル)

날이밝다
(ヒガアカルイ)

날이어둡다
(ヒガクライ)

날이짜르다
(ヒガミジカイ)

비그친다
(アメヤム)

바람잔다
(カゼヤム)

따쌍
打霜
タッソン

텬청
天晴
テンチン

텬음
天陰
テンイン

텬양
天亮
テンヤン

텬흑
天黑
テンヘイ

텬단
天短
テンドワン

위주
雨住
ユイジユ

풍주
風住
ハンジユ

第三章 地理門 (지리 면)

바람분다 (カゼフク)
해뜨고비온다 (ヒデアメフル)
颶風 クヮバン 과ᅌ
瞥日下雨 ケイジサーイ 매역싸워

땅 (ツチ)
흙(먼지) (ツチ)(ホコリ)
회 (イシバイ)
하수(내) (カワ)

地 デイ 띠
土 トウ 투
灰 フェイ 쮈
河 허

호수 (ミヅウミ)
바다 (イミ)
물 (イㇺ)
모래 (スナ)

湖 フウ 해
海 ハイ
石面 スイ 사
砂子 잣ᄌ

사해 (シカイ)	四海 スハイ	해면 (カイメン)	해면 海面 ハイメン
오악 (ゴガク)	五岳 ウニア	바다어구 (イリウミ)	해귀 海口 ハイカロ
사막 (サバク)	沙漠 サマク	산 (ヤマ)	산 山 サン
모래사장 (スナハマ)	沙灘 サタン	고개 (トウゲ)	링 嶺 ライン
평지 (ヘイチ)	平地 ピンデイ	진흙 (ドロ)	늬 泥 ニイ
옹뎡이 (クボ)	窪窟兒 ヤオワエル	물 (ミズ)	쉬 水 スイ
도래섬 (スマ、ミツタマリ)	旋窩 スエンウア	강 (カワ)	장 江 ジヤン
강폭 (カワノウエ)	江面 ジヤンメン	지동 (チドウ)	찌둥 地動 デイトン

디션 地震 ヂヱン	셰계 世界 セカイ
화산 火山 フオサン	산봉울 山峯 サンバン
온천 温泉 ヲンセン	언덕 坡子 ベツ
천원 泉眼 チワンイエン	금광 金鑛 ジンクワウ
지쯔 礫子 ジイシ	은광 銀鑛 インクワウ
魘地 イヲンデイ	셕탄광 煤窰 メヤオ
鬆土 ツントウ	갑흔땅 窪地 ワデイ
地球 デイチウ	지셰 地勢 デイスゐ

지젼 (ヂシン)
화산 (クワザン)
온천 (ヲンセン)
새암구멍 (イツミノアナ)
조악돌 (ザレイシ)
무른땅 (ヤワニカイツチ)
구든땅 (カタイツチ)
지구 (チキウ)

셰계 (セカイ)
산봉울 (ミネ)
언덕 (サカ)
금광 (キンクワウ)
은광 (ギンクワウ)
셕탄광 (セキタンクワウ)
갑흔땅 (クボチ)
지셰 (デイセイ)

터　（キチ）
수도　（ゲスイ）
물구덩이（슐항）　（キリ）
산굴　（ヤマアナ）
비탈　（ケイシャナ）
낭떠러지　（キリギシ）
남빙양　（ナンヒャウヤウ）
북빙양　（ホクヒャウヤウ）

터 地址 デイヂイ
귀구 水谷 スイカウ
귀컹 水坑 スイカン
산군짜 山子 サントンツ
째피쑈 斜坡子 サイパツ
뚜피쑈 坡子 タオパツ
난빙양 南氷洋 ナンパンヤン
때빙양 北氷洋 ペヌパンヤン

해일（海溢）　（ツナミ）
섬　（シマ）
조수　（シホ）
조수　（シホ）
조수빠진다　（シホガヒク）
조수는다　（シホヒク）
울　（ムラ）
내성　（ナイジャウ）
외성　（ガイジャウ）

해倫 海嘯 ハイシャウ
해또 海島 ハイタウ
체찬 海潮 ハイチャウ
장찬 漲潮 ザンチャウ
랏쪼 落潮 ライチァウ
뻔칭 縣城 センチャウ
내칭 內城 ニイチャウ
해칭 外城 ワイチャウ

성안（ジャウナイ）	청리 城裏 チオンリ		지방（チホウ） 딕방 地方 ヂイバン
성밖（ジャウガイ）	청해 城外 チオンワイ	면적（メンセキ）	딕면 地面 ヂイメン
폭포수（タキ）	폭포 瀑布 パオプ	접경（サカヒ）	마계 搭界 タジエ
수원지（スヰゲンチ）	쉬웬 水源 スイユエン	경계표（サカヒシルシ）	딕계 地界 ヂイジエ
산곡대기（ヤマノテッペン）	싼뎡 山頂 サンデイン	지경（チサカヒ）	져패 界牌 ジエパイ
산허리（ヤマフトコロ）	얜야 山腰 サンヤオ	광맥（クワウミャ ）	먀셴 苗線 ミヤオセン
산록（フモト）	싼쟈 山脚 サンジヤオ	지리（チリ）	딕미 地理 ヂイリ
셩비퀴（ジロマワリ）	쳥환 城圈 チオンチワン	지기（チキ）	딕치 地氣 ヂイチ

第四章　國都門

- 해토(解土)　カイト
- 땅얼이　コホリツチ
- 옥토　コユツチ
- 뒤개　地開　ヂカイ
- 뒤의　地凍　ヂイトン
- 쉐듸　肥地　ベーデイ
- 황무지　クワウチ
- 물　(ハラ)
- 공지　アキチ
- 황되　荒地　フワンデイ
- 예되　野地　イエデイ
- 공되　空地　クンデイ
- 시가　市街　シガイ
- 마개　大街　ダイジユー
- 집청　京城　ジンチオン
- 경성　ミヤコ
- 큰행길　オホドウリ
- 시가　シガイ
- 감영
- 부(성안)
- 곰은길　ジキモ
- 성청　省城　サンチオン
- 부청　府城　ブチオン
- 리루　直路　ズイル

굽은길（キヨクロ）	처우 市路 ナウル	큰문 （ロウモン）	청부 城벽 チオンラウ
수로（スイロ）	처우 水路 スイル	성벽 ジョウ(ヘキ)	청창 城墻 チオンチャン
육로（リクロ）	한부 旱路 ハンル	항구（ミナト）	마두 碼頭 マトウ
돌다리（イシバシ）	의짜 石橋 スイチャオ	해관（カイカン）	해 海關 ハイクワン
나무다리（キノハシ）	부교 木橋 ムチャオ	상부（アキナヒト）	썅부 商阜 サンブ
서울안（ミヤコノウチ）	깅리 京裏 ジンリ	길（ミチ）	보엽 道兒 ダオル
경외（ミヤコノソト）	깅애 京外 ジンワイ	도로（ドウロ）	바부 道路 ダオル
성문（シロノモン）	청면 城門 チオンムン	셔길（コミチ）	영부 生路 サンル

一四

전지(ジンデイ)	밭(タ、ハタケ)	전답 田地 テンデイ	한뎐 旱田 ハンテン	촌(ムラ)	한길(オホミチ)	촌락 村庄 チウンジオワル	대로(オホヂ)
로지(トチ)	도논길(マワルミチ)	뎍토 地土 デイトウ	됴도 繞道 ラオダオ	숨일(ムリ)	작은거뎌(コマチ)	센림 森林 サンリン	마을(チオル)
논(スイデン)	골목(チマタ)	슈뎐 水田 スイデン	군무 術衛 フトン	춘탁(アクラ)	土표(ドヒヤウ)	춘상 小巷 サオチン	평뎐(ビンデン)
	판로(一般ドウロ)		군무 官路 クワンル		평토(タヒラカナミチ)	춘장 小路 サオル	
지골(イナカ)			꺄뎌 郷下 サンカ		브러난거뎌(ユエルミチ)	둔리 屯裏 トンリ	븡거 朋溝 ミンガウ

암구（ミナミン）	曙灣　アシガウ	철도길（テツドウ）	鐵道　テツダウ
막다른골목（アキアルシマミチ）	死衛街　シフトン	정거장（テイシャバ）	車站　チャバン
러전골목（トオルシマミチ）	活衛街　フワフトン	기차길（キシャミチ）	火車路　フオチル
대마로（オホミチ）	大馬路　タイマル	가까운길（チカミチ）	近便道　ジンベンダオ
산작로（シンサクロ）	新開街　シンカイゼ	농로（ノウロ）	莊稼地　ソアジアデイ
재갈매길（ミツワケミチ）	三分山道　サンチアダオ	남경성（ナンキン）	南京城　ナンジンチオン
철교（テツケウ）	鐵橋　テイチャ	북경성（ペーキン）	北京城　ベジンチオン
굴철로（トンネル）	隱道　スガダオ	해자（ホリ）	護城河　フチオンハ

통상항구 (ミナト) — 通商口岸 トンサンカウアン
아논졉 (ワカレミチ) — 熟路 スウロ
나루 (ワタシブネ) — 搬渡 バイトォ
갈래길 (ワカレミチ) — 岔道 チアダオ
지럼길 (チカミチ) — 抄道 チアオダオ
고희당 (コウクワイドウ) — 公舘 コンクワン
회관 (クワイクワン) — 會舘 フエクワン
신문사 (シンブンシヤ) — 報舘 パオクワン

못흙 (コウダイシニ) — 公所 クンスオ
못 (イケ) — 水池子 スイチイツ
수통물 (ジヨウスイ) — 自來水 ツライスイ
옴물움물 (イドミヅ) — 井水 ザンスイ
공원 (コウエン) — 公園 クンユヱン
학교 (ガツコウ) — 學堂 スエタン
학부 (モンブショウ) — 教育部 ザオユイプ
락자부 (キヨウタクレヨウ) — 財政部 ツアイザンプ

第五章 官衙門

교통부
(テツドウシヨウ)

내무성
(ナイムシヨウ)

외무성
(ガイムシヨウ)

법부
(シハフシヨウ)

마차길
(センヤミチ)

활정(마을)
(カメヤコウバ)

交通部
ジヤオトンブ

內務部
ネイウブ

外交部
ワイヂヤオブ

司法部
ツバブ

馬車路
マチオル

衛門
ヤモン

해선부
(カイシンシヨウ)

공상부
(シヨウコウシヨウ)

정자로
(チヤウジロ)

십자표
(ツジ)

해군부
(カイグンシヨウ)

용동부
(ソウドウブ)

郵政部
イウチオンブ

工商部
ゲンシヤンブ

丁字路
ディンツル

十字街
スイツチオ

海軍部
ハイジユンブ

總統部
ヅウントンブ

목군부 (トクグンフ)
군정1 (グンセイシヨ)
고섭서 (コウセアシヨ)
전보국 (デンポウキヨク)
우기국 (ユウビンキヨク)
우기본국 (ユウビンアンキヨク)
재판소 (サイバンシヨ)
ᄃ성원 (タイシンイン)

주순부 督軍府 トウズンブ
순벋부 軍政セ メンヂンス
산서부 交行署 ジヤオセス
턴밮쥐 話報局 デンバオジウイ
부년쥐 郵便局 ユウベンキ
신위뵤 信局子 シンズイ
친관뵝 密制廳 シンバントイン
마원셰 大辞院 タイオンユエン

순경국 (ケイチヨウ)
도서관 (トシヨカン)
박람회 (ハクランカイ)
식물원 (シヨクアツエン)
박물관 (ハクブツカン)
내자 (ナイカク)
전옥 (テンゴク)
옥 (ロウヤ、ロウ)

순집쥐 巡營局 シユンヂンズイ
부부셜 圖書館 トシウグン
제재쥐 賽珍會 サイジオンフエ
부十셜 博物館 バウウブグン
극위 植物圓 ズイウエン
내끼 内閣 ネゴ
극위 典獄 デインイ
남위 牢獄 ナオエイ

二九

중학교
(ヂウガッコウ)

대학교
(ダイガッコウ)

무관학교
(ブカンガッコウ)

해군학교
(カイグンガッコウ)

관립학교
(クワンリツガッコウ)

사립학교
(シリツガッコウ)

웅셔당 中學堂
(ジウンスイタン)

대혹당 大學堂
(ダイスイタン)

우비혹당 武備學堂
(ウベイスイタン)

쉬시혹당 水師學堂
(スイシスイタン)

관리혹당 官立學堂
(グワンリスイタン)

민리혹당 民立學堂
(ミンリスイタン)

사범학교
(シハンガッコウ)

공사관
(コウシクワン)

육군부
(リクグンブ)

군기창
(グンキシヤウ)

소학교
(セウガッコウ)

영사관
(リョウジクワン)

시한혹당 師範學堂
(シハンスイタン)

친채공관 欽差公館
(チンチアイタンクワン)

륙군부 陸軍部
(ルジュンブ)

쥰긔창 軍機廠
(ジュンジケアン)

쇼혹당 小學堂
(ナスイタン)

령亽공관 領事公館
(リョウスイグンクワン)

第六章 時候門
(씨허문)

오늘 (ケフ) 진연 今兒（今天） ジンエル、ジンテン	저녁 (ユフ) 원밤 晚上 ワンシン
어제 (キノフ) 쩍얼 昨兒（昨天） ジオエル、ジオテン	낮 (ヒル) 썅우 晌午 シャンウ
내일 (アシタ) 밍얼 明兒（明天） ミンエル、ミンテン	내월 ライゲツ 썃얼 下月 サニエ
그저께 (オトツヒ) 쳰일 前兒（前天） チエンエル、チエンテン	저지난달 センセンゲツ 썅썅얼 上上月（前月）サンサンエ、チェンユエ
모래 (アサッテ) 밍일 明日 ミンルミンテン	그금 (ミンカ) 허우얼 後兒 ハウエル
이달 (コンゲツ) 허우얼 後兒（後天）ハウエル、ハウテン	그 (ミンカ) 월쪼 月底 ユエデイ
지난달 (センゲツ) 쳰얼 前月 チエンユエ	초생 ショジュン 월추 月初 ユエチウ
아침 (アサ) 펀얼 本月 ハンユエ	큰달 ダイゲツ 따진 大盡、(月大) ダジン、ユエダ
일즉 早起 ブオチ	

져온달 (ショウヅキ)	쎡젼 小盡 (月小) サオジン、ニユサオ	지금 (イマ)	구진 如今 ユジン
가늘 (一キ)	작텬 秋天 チウテン	그당시 (ソノトキ)	당셔 當時 ダンスイ
겨울 (フユ)	동텬 冬天 トンテン	별안간 (タチマチ)	후ㄴ이젠 忽然間 フツゼン
봄 (ハル)	츈텬 春天 チユンテン	잡작이 (ユクリニ)	투ㄴ이엔 瞬眼間 トウガンゼン
여름 (ナツ)	햐텬 夏天 サテン	오전 (ゴゼン)	쌰오반텬 早半天 ザハンテン
정월 (ショウガツ)	정웨 正月 ジオンユエ	오후 (ゴゴ)	왼반텬 晚半天 ワンバンテン
윤달 (ツルウヅキ)	뤈유에 閏月 ルンユエ	낮전 (ゴゼン)	샹뻐 上午 サンウ
동짓달 (ジフイチガツ)	동웨 冬月 トンユエ	낮뒤 (ゴゴ)	허우뻐 後午 ハウウ

한국어	カタカナ
정반일	(ゴゼン)
건꼬일	マヘノニチヨウビ
다음고일	ツギノニチヨウビ
한시	イチジ
두시	ニジ
반시	サンジツアン
오정	ショウゴ
오전일곱시	ゴゼンシチジ

부뗜뗜 頭半天	トウバンテン
쌍의뻬 上禮拜	サンリバイ
쌰리뻬 下禮拜	サリバイ
이뗜쭝 一点鐘	イデンジウン
일뗜쭝 二点鐘	エルデンジウン
반뗜쭝 半点鐘	バンデンジウン
쌀얼뗜쭝 十二点鐘	スイエルデンジウン
짜오치뗜쭝 早七点鐘	ザオチデンジウン

오후구시	ゴゴクジ
다섯시가량	ゴジゴロ
여섯시남짓	ロクジアマリ
전반날	センハンタツ
어둔날	クライヒ
조석	アサバン
새벽	アカツキ
반나절(후반일)	ゴゴバンニチ

우뗜뗜 吘九点鐘	ワンジウデンジウン
우뗜뗜 五点茶鐘	ウデンライシヨン
루뗜뗜 六点多鐘	リウデントオジウン
투얜 日/月	トウバンジウン
짜오천 早晨	サウチエン
해뗜 黑天	ハエテン
빵완 傍晚	サゴバン
후완뗜 後半天	ハウバンチン

자정전（レイジマへ）	천만예 前半夜 チェンバンイエ	내후년（サライネン）	따후년 大後年 ダイコウネン
자정후（レイジゴ）	샤반예 下半夜 サバンイエ	이달（コノツキ）	저거예 這個月 ジオゴエ
더운날（アツイヒ）	여텬 熱天 ラオチエン	이후（コノゴ）	저정쓰 這程子 ジオチエンヅ
추운날（サムイヒ）	렁텬 冷天 レンテン	이동안（コノアヒダ）（北京語）	
지금（イマ）	셴재 現在 センジャイ	즉각（당장）（イマスグ）	립커 立刻 リカ
아까（サッキ）	쟝셴 剛纔 ガンチア	이전（イゼン）	쳥첸 從前 チウンチエン
잇다가（ツギニ）	훼터우 回頭 フエドウ	근래（キンライ）	전매 近來 ジンライ
언제（イツ）（北京語）	뭐시 多暗 トウザン	장래（シヤウライ）	쟝매 將來 ジヤンライ

二四

첫달(ジフニガツ)	랴왩 랴ユエイ	후년(アクルトシ、ヨクネン)	후년(ハウネン)
금년(コンネン)	젹몐 ジンエイ	세전(歳前)	쳐몐 頭年(トウネン)
작년(サクネン)	今年(ジンネン)	세후(歳後)	커몐 過年(クエネン)
내년(ライネン)	거몐 去年(チウイネン)	세안(歳前)	몐듸 年底(ネンデイ)
명몐 明年(ミンネン)	설(グワンタン)	몐싸 年下(ネンシヤ)
시왕 スデニ	깜이 早己 ザオイ	과세명절(グワンジツ)	몐졔 年節(ネンジエ)
담에 コノツキニ	이젼 己經 イジン	명절(シユクジツ)	커케 過節(クエジエ)
재작년(イツサクネン)	等底下(トンデイサ、トンハウ)等後	그그젹게 サキオトトヒ	따쳔땐 大前天 ダチエンチン
다쳔몐 大前年(前年)ダチエンネン、チエンネン	명의싸 명후		

二五

글피 (シアサッテ)	따뜻한 太陽天 (ダイヨウテン)	그간동안 (山東語)(シバラク)	어제껏 一會兒 (イフエル)
식전 (アケガタ)	아침일 一清早 (イチセイサオ)	언제 (山東語)(イツ)	부제껏 多會兒 (トフイエル)
밤중 (ヨナカ)	에러 夜裏 (イリ)	양일간 (フツカカン)	저사이 這兩天 (ジオリャンテン)
내낮 (ヒルゴロ)	백낮 白天 (バイテン)	이머월 (コノキンゲツ)	저아직 隔一天 (ゲイテン)
주반달 (ゾハンニチ)	부반개월 後半月 (ハウバンユエ)	하로걸러 一日に一回 (イチニチオキ)	저지간 遺會兒 (ジオジテン)
상반기 (上半期)	부반년 後半年 (ハウバンネン)	공일 (ニチヨウビ)	더레배 禮拜 (リバイ)
하반기 (下半期)	뒤반년 頭半年 (トウバンネン)	월요일 (ゲツヨウビ)	러바배일 禮拜一 (リバイイ)
요새(山東語)(キンライ)	저해년 這會兒 (ジオフエル)	화요일 (カヨウビ)	더배이 禮拜二 (リバイニ)

二六

第七章 親族門

주요일（スイエウビ）　리애그샌 禮拜三 リバイサン　금요일（キンエウビ）　미배우 禮拜五 リバイウ

날이차다（ヒガツメタイ）　떤령 天冷 テンロン　토요일（ドエウビ）　미배륙 禮拜六 リバイリュウ

목요일（モクエウビ）　미배丛 禮拜四 リバイツ　날이더웁다（ヒガアツイ）　텬녀 天熱 テンヂ

부친（オトウサン）　부친 父親 アチン　조모（オバアサン）　조모 祖母 ズム

묘친（オカアサン）　묘친 母親 ユナン　압바（俗）（トウナマ、トツヂヤン）　爹爹 デイデイ

존부（オヂイサン）　조부 祖父 ズブ　엄마（俗）（カアヂナン又マヽ）　마마 媽媽 マヽ

한국어	漢字 (일본어 읽기)
한압바(俗)	爺爺 イエイエ
한엄마(俗)	奶奶 ナイナイ
맥부 (ハクフ、ヲヂ)	伯父 バフ
맥모 (ハクボ、ヲバ)	伯母 バボ
아저씨 (ヲヂ、シユク)	叔叔 スス
아주머니(숙모) (ヲバ、シユクボ)	嬸子 シオンツ
고모 (ヲバ)	姑姑 ググ
고모부	姑夫 グフ

적모	嫡母 デイボ
계모 (ケイボ)	繼母 ジイボ
남편 (テイシュ)	丈夫 (ジヤンフ)
안해(文)	妻 チイ
아들 (ヨスコ)	兒子 エルツ
딸 (ヨスヱ)	女兒 ニユエル
처자(文)	妻子 ツスズ
안해(俗)	媳婦 スイフ

첩(妾) （メカケ）	쳅 ヂェイ	妾	
마누라(婆) （カナイ）	랄퍼 ラオポ	老婆	
소실(俗) （テカケ、メカケ）	쌰오랄퍼 サオラオポ	小老婆	
사위 （ムコ）	뉘쉬이 ニスイ(ゲ)イュ	女婿(姑爺)	
손자 （マゴ）	쑨쯔 シュンヅ	孫子	
손녀 （マゴ）	쑨뉘 シュンニュ	孫女	
며누리 （ヨメ）	월쑤부 エルッスイブ	兒子媳婦	
손자머누리 （マゴヨメ）	쑨쒸부 シュンスイブ	孫媳婦	

형 （アニ）			
아우 （オトウト）			
형수 （アニヨメ）			
제수(제수) （オトウトヨメ）			
누님 （アネ）			
누나 （イモウト）			
매가 （マイセノウチ）			
손위매부 （アネムコ）			

거거 ゴーゴー	哥哥		
형제 シュンデイ	兄弟		
쌜쯔 サオヅ	嫂子		
뒈이쉬이 デイスイ	弟媳		
졔졔 ジェジェ	姐姐		
메이메이 メイメイ	妹妹		
메부쟈 メイフジャ	妹夫家		
졔부 ジェフ	姐夫		

매부 (マイセ)	매제 妹夫 (メイフ)	딸의남편 表姪 (ホオズイ)
일가 (ヰツカ)	친척 親戚 (シンセキ)	딸의딸 表姪媳 (ホオズイスイ)
동기간 (トンキカン)	본가 本家 (ホンジヤ)	딸의아달 外孫 (ワイスン)
종형제 (チョンヒョンジェ)	종형제 堂伯弟兄 (スパディシニン)	딸의며누리 外孫媳 (ワイスンスイ)
조카 (チョヒ)	질녀 姪女 (ズイニイ)	외손자 外甥 (ワイシン)
질부 (チヒノヨメ)	질부 姪婦 (ズイフ)	생질 外甥女 (ワイシンニイ)
부자춘형 (フケイ)	의형 教兄 (ペオンニ)	생질부 外甥媳 (ワイシンスイ)
외사춘형뎨 (ヰソウ)	의수 教嫂 (ペオサ)	외조부(外祖) (ハカタノヨイチエン)
		외조모(外祖) (ヰイカタノヰイチエン)

三〇

외죽 (ハハカタノシウト)	구구 (ゴウゴ)	큰처제 (ツマノイモウト)	대이 (ダイイ)
의숙모 (ハハカタノラバ)	구모 (舅母) (ゴウモ)	작은처제 (ツマノイモウト)	小姨子 (サイイツ)
이포 (ハハノシマイノラバ)	丈人 (ヂャンレン)	처남의댁 (ツマノアニヨメ)	舅子總舖 (ゴウッイイフ)
이모부 (ハハノシマイニアタルノ)	姨父 (イヒ)	동서간 (アヒヨコ)	迎接 (レンジェ)
이마 (イマ)	姨媽 (イマ)	시아버지 (シウト)	公公 (ダングン)
장인(丈山) (カクイシャウト)	丈母 (ヂャンム)	시어머니 (シウトメ)	婆婆 (ポポ)
장모 (蒸水) (ツマノハハ)	大舅子 (タアヂウツ)	큰시아자버니 (シウトノアニ)	大伯子 (タアパツ)
큰처남 (ツマノアニ)	小舅子 (サオヂウツ)	작은시아자버니 (シウトノオトタト)	小叔子 (サオスツ)
작은처남 (ツマノオーウト)			

큰시누이
（ヲツトノアネ）

작은시누이
（ヲツトノイモウト）

처족하
（ツマノオト）

처족하딸
（ツマノメヒ）

고종형제
（イトコ）

이종형제
（イトコ）

수양자
（ヤシナフムスコ）

수양딸
（ヤシナフムスメ）

따구쓰
大姑子
ダイグツ

쏘구쓰
小姑子
サオグツ

네럭쯔이
內姪
ネイジイ

내럭쯔녀
內姪女
ネイジイニウイ

구뱌오디쯘
姑表弟兄
グベオディツン

이뱌오디쯘
娘表弟兄
ヂベオディツン

간얼쯔
乾兒子
ガンエルツ

간뉘여
乾閨女
ガンクニニウイ

시집
（ヨメイリウチ）

친정
（ジツカ）

사돈
（壻頭）

사돈영감
（婿家ノ主婦）

사돈마누라
（婿家ノ女房）

양자
（ヤウシ）

수양부
（ヤウフ）

수양모
（ヤウボ）

쒸자
婆家
パジャ

냥자
娘家
ニャンジャ

셔친
舍親
ツチン

친쟌꿍
親家公
チンジャグン

친쟌무
親家母
チンジャム

궈지얼쯔
過繼兒子
ノイジエルツ

三二

第八章　身體門

염통(마음) シンゾウ（ココロ）　心
간(キモ)　肝
허파(폐)（ハイ）　肺
비위(위)（ウイコ）　胃口
쓸개(담)（タンノウ）　胆子
머리（アタマ）　頭
얼굴（カオ）　臉

입（クチ）　嘴
이(齒)（ハ）　牙
손（テ）　手
발（アシ）　脚
다리（トイ）　腿
몸（カラダ）　身子
귀（ミミ）　耳孕

三三

눈 (メ)			
딸 (ホヽ)			
코 (ハナ)			
혀 (シタ)			
입술 タチビル			
머리털 (カミ)			
허리 (コシ)			
눈망울 眼珠子 イユンシウ			

눈자 眼睛 イエンジン	귀자 頰 ソイジヤ	코 鼻子 ピヅ	혀끝 舌頭 ソトウ	입슐 唇唇 チウィヌル	머리 頭髮 トウハ	허리 腰 ヤオ	눈주 眼珠子 イユンシウ

동자 (ヒトミ)	귀계 (ジマメ)	눈섭 (マユケ)	눈꺼풀 (マブタ)	수염 (ヒゲ)	살쩍 (ビンプヽ)	이마 (ヒタイ)	양미간 (インドウ)

동면경 瞳人兒 トンレンユル	귀정 耳鏡 エルジン	메밥 眉毛 メマオ	눈망 眼胞 イユンパオ	구레 鬚子 フツ	살쩍 鬢角 ピンジヤオ	한앓 天底 テントン	인당 印堂 インタン

인중(鼻下)	人中 レンジウン
산근(準頭上)	山根 サンゴン
준두	準頭 ジウントウ
숫구녁	顖門 シンムン
코마루	鼻梁 ビリャン
코	肚子 トウツ
배(ハラ)	腸子 チアンヅ
췻자(ハラタダ)	脖子 ボツ
목	嗓子 シェンヅ
목줄띠	胳脯 ナオダイ
뇌	笠頭 チワンタウ
주먹	骨頭 グトウ
꽐	骨節 グノオ
때	大腿 ダトイ
꼴결	
넓적다리	

三五

손등	手背 ソウハイ
(손ㅅ심)	手心 ソウシン
손금	手紋 ソウモン
손바닥	手掌 ソウショウ
발바닥	脚掌 ジャクショウ
손가락	手指 ソウシ
손톱	指甲 シコウ
주지	中指

식지	食指 ショクシ
엄지손	大拇指 ダイボシ
새끼손	小拇指 ショウボシ
무명지	無名指 ムメイシ
압니	門牙 モンガ
二곳니	尖牙 センガ
어금니	奶牙 ナイガ
멋니	冠牙

이름 (ハズキ)(齦)	야금 牙齦 ヤギン	정강이 (スネ)	넙적다리 迎面骨 イオンメン
잇몸 (ハゲキ)	야상쓰 牙床子 ヤチワンツ	억개 (カタ)	견장밥 肩膀兒 ジエンバンエル
목구녕 (ノド)	상노이엔 桑子儿 サンノイエン	사빼 (アバラホネ)	러빠쌰오 肋巴條 ロバデャオ
귀뿌리 (ミミタブ)	얼건쓰 耳根子 エルゴンツ	갈비 (アバラボネ)	러빠쌰오 肋巴條 ロバデャオ
목젓 (ノドヒコ)	쌔서투 小舌頭 サイソトウ	탄소(난소) (ランソウ)	희빠쥬열 課子骨 ランバジュル
셔드랑이 (ワキノシタ)	기지워 胳肢窩 ゴジウェイ	젓 (チチ)	란빠오열 卵胞兒 ランバオル
등 (セ)	자량뻬 脊梁背 ジリャンベイ	명치 (ドウミャク)	나이토우 奶門兒 ナイトウ
장단지 (フクラハギ)	퇴두쯔 腿肚子 トイドウツ	신 (ダンギウ)	신쌍 心膓 シンサイ
			양우 陽物 ヤンウ

三七

第九章　衣食門

- 엉덩이 (シリ)　尻　ビグ　피ㅅ구멍
- 불알 (キンタマ)　卵子　ランツ　란쯔
- 분문 (コウモン)　糞門　ホンモン　헌민
- 음호(음문) (オソン)　陰戶　インフ　인후

- 가슴 (ムネ)　前胸甸子　チェンノンヅ　젼가슴
- 턱 (アゴ)　下巴頦兒　サバイエル　싸바에ㄹ
- 종지굽 (カシコブ)　波稜盖兒　ボロンガイル　파령개ㄹ
- 두개골 (トウコツ)　天靈盖兒　テンリンガイル　텬링개ㄹ

- 밥 (ゴハン)　飯　パン
- 채소 (ヤサイ)　菜　치

- 차 (オチャ)　茶　チア
- 술 (サケ)　酒　즤

초 (ス)	주 醋 (チウ)		
국수 (ソウメン)	면 麵 (メン)	닭고기 (ニワトリノニク)	저육 [불명]
조반 (アサゴハン)	쌀밥 (サンパン)	쇠저육 (牛キノニク)	불 火 (フォトイ)
점심 (ヒルゴハン)	죠반 (チョウハン)	소금 (シホ)	청장 (チョンジャン)
저녁밥 (ユフハン)	만찬 (バンパン)	간장 (シャウユ)	간장 (センイン)
우유 (ギユウニウ)	우유 (ニウナイ)	계탄 (タマゴ)	계탄 (ジエン)
빵 (パン)	면보 (メンパオ)	빠다 (パダ)	황유 (フワンユ)
저육 (テタニク)	저육 (ゾウニク)	참기름 (ゴマアブラ)	향유 (サンユ)
		불기름 (エゴマアブラ)	수유 (スイユ)

설탕（サトウ）
흑설탕（クロサトウ）
송편（松餅）（ツキモチ）
호떡（シナパン）
황주（コウシウ）
포도주（ブドウシウ）
맥주（ビール）
소주（シャウチウ）

백탕 白糖 パイタン
홍탕 紅糖 フンタン
월병 月餅 ユエイビン
갈빈 烤餠 カオビン
황주 黃酒 フワンジウ
홍주 紅酒 フンジウ
맥주 麥酒 マイジウ
소주 燒酒 サオシウ

된장（ミソ）
메주（マメコウジ）
양장피（ライヒ）
옷（キモノ）
의복（イフク）
양복（ヤウフク）
예복（レイフク）
바지（고의）（ハカマ×モモヒキ）

맨장 麵醬 メンジャン
장태자 醬胎子 ジャンタイヅ
타피얼 頼皮兒 ラビエル
이쌍 衣裳 イサン
이구 衣服 イフク
양구 洋服 ヤンフク
리구 禮服 リフク
쿠쯔 袴子 クーヅ

四〇

버선 (タビ)	와쓰 襪子 ワヅ	쏜두루마기 (ワタイレツルマキ)	멘앋 綿襖 メンヤオ
포혜 (ヌノクフ)	부쎄 布鞋 プセ	저고리 (ウワギ)	썃오 小襖 シヤオヤオ
구두 (クツ)	쎄 靴 シエ	적삼 (ヒトヘウヅギ)	샨쌰오 小衫 シヤオサン
목화 (シナナガクツ)	쎼쓰 靴子 シエツ	행주치마 (マヘカケ)	웨쿤 圍裙 ワエイチユン
모자 (ボウシ)	마오쓰 帽子 マオツ	외투 (オーバ)	와이쑤 外褂子 ワイクワ
장갑 (テアクロ)	쏘우토 手套 ソウタオ	막고자 (オモテチヨタギ)	마과쓰 馬褂子 マコアヱル
두루마기 (ツルマキ)	챵파오 長袍 チアンパオ	조끼 (チヨツキ)	깐졘얼 砍肩兒 カンゼンエル
훗두루마기 (ヒトヘツルマキ)	과쓰 褂子 グワツ	땀둥거리 (ナツシヤツ)	한타얼 汗褟兒 ハンタエル

四一

第十章 店舖門

축저고리
(ワイサツ)

담배
(タバコ)

뻬병어
衛生衣
ワエイソンイ

엽
菸
イエン

양행
(ヤウコウ)
洋行
ヤンヘン

은행
(ギンコウ)
銀行
インヘン

회사
(カイシヤ)
公司
グンツ

전포
(銀錢賣スル處)
錢舖
チエンプ

은호
(銀寶賣スル處)

금장사점
(金ウルミセ)
金店
ジンデン

은장사점
(銀ウルミセ)
銀店
インデン

전당포(質屋)
(ジツヤ)

양포
當舖
ダンプ

연할
銀號
インハオ

객주집	カドヤ
창고	ソウコ
포목전	ツンモノヤ
서덤(서점)	ホンヤ
약국	クスリヤ
삼전	エンジンヤ
방아젼	ウスヤ
밀가루가슨에	コムリヤ

한자	발음	한글
客店	コデン	커뎜
棧房	ザンバン	잔방
布鋪	フヘイ	부평
書舖	スヘイ	수평
藥舖	ヤクヘイ	약평
蔘店	ソンテイン	삼뎜
碓坊	ドイバン	뒤방
磨坊	モバン	메방

염석집	ツメモノヤ
견조소	紡績工場
요리집	リョウリヤ
비단가개	キヌモノヤ
잡화상	アツカヤ
신젼	クツヤ
헌옷파는곳	フルギヤ

한자	발음	한글
染坊	ランバン	
織坊	ズイバン	
飯館子	バングワンヅ	
綢緞舖	チオウドワンプ	
糧食店	リヤンスイデン	
雜貨舖	ヅアホフ	
雜子舘	ヅエインツプ	
估衣舖	グイプ	

옷지어파는집(洋服組)	청이푸 成衣舖 チオンイブ	목간집 (フロ)	시또탕 洗澡堂 シザオタン
세탁소 (センタクヤ)	시이푸 洗衣舖 シイブ	생선전 (サカナヤ)	위짱윈 魚床子 ユーチワンツ
연극장 (戲劇塲)	시쮄쓰 戲舘兒 チイグワンエル	해문전 (ホシサカナウルミセ)	해웨이푸 海味舖 ハイウイフ
차디점 (オチャヤ)	차꽌날 茶舘兒 チアグワンエル	사기점 (セトモノヤ)	쓰끼푸 磁器舖 ツウチイフ
양복전 (ヤウフクテン)	양푸텐 洋服店 ヤンブデイン	시계포 (トケイヤ)	쭝뺘오푸 鍾表舖 ヅウンピヤオフ
과자상 (クヮシヤ)	뗸싼푸 点心舖 デインシンブ	사진관 (シャシンヤ)	짜오샹꽌 照相舘 ザオシヤンクワン
발찬가개 (日用品店)	채광쯔 菜床子 ナイチヤアンツ	재목전 (ザイモクヤ)	잡싼푸 木敞店 ムチアンツ
이발소 (トコヤ)	티터푸 剃頭舖 トイヨウブ	문방점 (アングヤ)	원전푸 文具舖 ウオンジユイブ

第十一章 菜穀門

풋실과젼
(アオクダモノヤ)

水菓舖
スイグヮブ

한전부치는데
(トビヤ)

회표장
滙票莊
ホイピャオズヮゥ

쌀
(コメ)

밀가루
(コムギコ)

파
(ネギ)

마늘
(エンニク)

생강
(ショウガ、ハジカミ)

미 따미
米(大米)
ミイ タアミイ

면
麵
メン

총
葱
チウン

산
蒜
スワン

장
醬
ジャン

좁쌀
(アワ)

묵은쌀
(フルゴメ)

찹쌀
(モチゴメ)

지장조
(モチアワ)

흑두
(クロマメ)

쏘미
小米
シヤオミ

랍미
老米
ラオミ

강미
江米
ジャンミ

황미
黃米
ホヮンミ

혜두
黑豆
ヒエトウ

四五

황두 (キイロマメ)	북부 黃豆 フワンドウ		참깨 (ゴマ)	지마 芝麻 ズイマ
콩 (マメ)	북부 豆子 トウツ		호초 (コセウ)	후쟈오 胡椒 フザオ
모밀 (ソバ)	쵸메 蕎麥 チヤオマイ		양밀가루 (メリケンコ)	샹몐 洋麵 ヤンメン
보리 (ムギ)	쯔 麥子 マイツ		강남콩 (エンドウ)	완두 宛豆 フワンドウ
녹두 (ヤヘナリ、マヌメ)	뤼더 綠豆 ルイトウ		운두 (ウンドウ)	운두 豌豆 エンドウ
콩쩍묵 (マメアブラカス)	떠우삥 豆餅 トウピン		옥수수 (トウモロコシ)	위미 玉米 ユイミ
수수 (モロコシ)	까오량 高粱 ガオリヤン		고추 (トウガラシ)	라쟈오 辣椒 ラヂオ
깨 (キゴマ)	수쯔 蘇子 ツツ		배추 (ハクサイ)	배채 白菜 バイチアイ

푸성귀 (アオモノ)	청채 青菜 ナンチアイ	버섯 (キノコ)	머구 蘑菇 モグ
무 (ダイコン)	피마 蓖麻 ルエイホ	미나리 (セリ)	친에 芹菜 ナンチアイ
로란(土蓮)(サトイモ)	취두 芋頭 ユイトウ	쥭순 (タケノコ)	쥬순 竹筍 ジウスユン
감자(地蔗)(サツマイモ)	매우 白薯 パイスウ	참외 (マッカウリ)	쳐괴 甜苽 テンマ
부루 (ユウ)	쥬채 韮菜 ヂウチアイ	오이 (キウリ)	쳐괴 水苽 スイタ
쑥갓 (シュンキク)	동호 同蒿 トンハオ	호박 (カボチャ)	황괴 黄苽 フシグタ
상치 (シヨウサイ)	생채 生菜 ソンチアイ	겨자가무 (カラシ)	칭미 青苽 チングタ
묵이(버섯)(キクラゲ、モクジ)	무이 木耳 ユエル		재미 芥末 ジエモ

마 (アキ)	한약 山藥 サンヤ	고추채(돌미나리) (ノセリ)	창침채 香芹菜 サンチンチアイ
연근 (レンコン)	떡유 蓮藕 レンオウ	팥 (アツキ)	홍소두 紅小豆 フンサントウ
가지 (ナスビ)	재쓰 茄子 チェウ	후추가루 (コシヨウノコ)	후조면 胡椒麵 フザィメン
연쭈리꼿 (ヌスレタサノハナ)	창화채 黄花菜 カアンホアチアイ	콩나물 (マメモヤシ)	때야채 豆芽菜 トウヤチアイ
다른과실 (ホンクダモノ)	간귀쓰 乾果子 ガングオツ	풋고초 (アオトウガラシ)	칭찬 青椒 チンヅォ

第十二章 器用門

| 종이
(カミ) | 리
紙
ズイ | 붓
(フデ) | 삐
筆 |

먹	墨（スミ）
글씨	字（ジ）
그림	畵（エ）
시계	時表（ハシヲトケイ）
시표	表（トケイ）
자리	席（ザセキ）
침상	林（ネドコ）
자	尺（モノサシ、シャク）

저울	秤（ハカリ）
말	斗（イットウマス）
되	升（イッショウマス）
등	燈（トモシビ）
람프	ランプ
사선상	洋卓（テーブル）
교의	椅子（イス）
등상	発（ロシカケ）

四九

칼
（ホウチョウ）

젓가락
（ハシ）

수저（＝사시）
（サジ）

송자창
（エクテレ）

도마
（マナイタ）

절구
（ウス）

발
（スダレ）

연필
（エンピツ）

刀子 카쓰
筷子 카이쓰
匙子 지오쓰
鍋子 차오쓰
橄子 돈쓰
礁臼 도이지우
籟子 렌쓰
鉛筆 첸삐

벼루
（スズリ）

안경
（メガネ）

부채
（ウチワ）

미선
（センス）

철필
（ペン）

석필
（セキヒツ）

분필
（ハクボク）

젹지자
（ピンセンシ）

硯台 옌타이
眼鏡 이옌징
團扇 퇀싼
扇子 싼쯔
鋼筆 깡삐
石筆 스삐
粉筆 펀삐
信紙 신즈

뿡투누 (フウトウ)		접시 (サラ)	センザイオ	접시 (サラ)		표자 (ヒョウシ)	
밥그릇 (シュケウ)	飯碗 パンワン	쟁반 (オバン)	반완	반자 盤子 バンヅ			
채주대야 (アライ)	吟盆 レンバン	큰대접 ドンブリサラ	대부	대완 大碗 ケワン			
화로 (ヒバチ)	火盆 フオボン	초집 (シヨタタイ)	죽전	촉대 蠟臺 ラタイ			
석유 (火油) (セキユ)	煤油 メイウ	비 (ホウキ)	엽비 閉色 インソ	마대 爲無 ダンゾウ			
실자 (ヌニク)	酒壺 ソウブ	두래박 (ツルベ)	주후	조롱 吊桶 ダルベン			
주접자 (シュクワン、カントクリ)	茶碗 ヘアワン	목통 (トナケ)	자간	목통 木桶 ムトン			
차종 (チャワン)		차호 (ドビン)		화로 火盆 スイフ			

흙손（コテ）
낫（カマ）
부삽（スコシャベル）
걸레（ノウキン）
띨개（ハヽキ）
이부자리（ヤグ）
솟지(솔비)（ハケ）

머쓰 抹子 モツ
큰칼 鎌刀 レンダオ
찬쓰 鏟子 チアンヅ
모부 抹布 チアンア
단쓰 撢子 ダンヅ
무쓰 撬子 ルツ
무까 舖盖 ブガイ
쑤쓰 刷子 シユアツ

비누（セツケン）
성양（マッチ）
가위（가재）（ハサミ）
모기장（カヤ）
벼개（マクラ）
방석（ザブトン）
이불（フトン、ヤグ）
열쇠（カギ）

이쓰 胰子 イツ
양휘 洋火 ヤンフオ
젠쓰 剪子 ゼンツ
전장 枕頭 ゼンタヂ
우엔쟌 蚊帳 ウエンヂヤン
뗜 褥子 ゴントウ
뻬쓰 被子 ベツ
양쓰 鑰匙 ヤオシ

자문회 (ジヨウマ〇)	쇄두 鎖頭 ジヨウトウ	면도칼 剃刀 カミソリ	회ᄃᆞ마 剃刺刀 ホトウメ
물독 (カメ)	수관 水罐 スイガン	치마분 刷牙散 ハミガキコ	솨야산 刷牙散 スワーサン
솥 (カマ)	반권 飯鍋 バンクオ	이솔 (ハミガキ)	솨야쓰 刷牙子 スワーツ
광이 (クワ)	鎬子 ガオツ	등괴 (カヤ)	명장얼 燈賀兒 ドンザオエル
시포출 (クサリ)	발렌쓰 表練子 ビヤオレンツ	만년필 萬年筆 マンドンビー	완넨삐 萬年筆 ワンネンビー
지남침 ヲシンバンミジシヤクハン	뎡난전 定南針 ディンナンジエン	주걱 (シヤクシ)	한쇼쓰 飯勺子 パンサオツ
한난계 (カンダンケイ)	한쇼뱌오 寒暑表 ハンスウビヤオ	용수 (サカゴシ)	쥬쥬 酒篘子 ジウジウツ
연각 (ミツイレ)(ケンテキ)	옌쉬후 硯水壺 イエンスイフ		

第十三章　家屋門

| 부젓가락 | 火箸 | （ヒバシ） |
| 밥상 | 飯床 | （ゼン） |

화로	火鉢子	（フクワイツ）
밥상	飯卓兒	（バンジオエル）
쟁반		（ニビツ）
금팔자	金鐲子	（キンワデク）
가락지	戒指兒	ジエイメイル

집	家	（イエ）
평가	平家	（ヒヤ）
층집		（ニカイヤ）
기와집	瓦屋	カワラヤ

방자	房子	バンツ
평방	平房	ピンパン
루방	樓房	レウパン
와방	瓦房	ワパン

초가집	草家	ワラヤ
방		（ヘヤ）
헛간		モノオキ
서재(책방)		シヨサイ

사랑방	客房	チオパン
집	屋子	ウツ
뒤방	雜房	ザイパン
더운방	暖房	クワパン

五四

사랑
(オウセツマ)

대청
(ダンカン)

침방
(シンシツ、ネヤ)

부엌
(ダイドコロ)

창고
(ト)

뒷간
(セツイン)

거형 客廳 コトイン

마령 大廳 ダーイン

에밤 臥房 オパン

루방 渦房 チウパン

창문 窓戶 ナワンフ

마당 茅房 マオパン

목간
(ヨクシ)

마구
(マヤ)

울타리
(ナワイ)

오줌통
(ユバリオケ)

층계
(ハレゴダン)

아래채
(シタイ〇)

좌상 澡堂 ザオタン

마정 馬桶 マゾン

뵨소 籬笆 リパ

벼동 尿桶 ニヤオトン

루대 樓梯 ロウトイ

밧개일 倒座兒 ダオズオル

第十四章　要領助詞

左에 記入한 助詞字가 他詞에서는 或副詞도 되고 助詞도 되나니 此를 一定한 助詞字로 會得함은 不可한 일일을 알 것이다.

第一節 是

[이는 指定的 (는)(은)는 니處所나 方向이나…形容詞밑에는, 은며 끝나면끝名詞下에 이 붙을뿐이다.]

이거는 내것 저것은 네것이다
(コレハボクノモノデアレハキミノモノだ)

종이는 잇스나 붓은 없소
(カミハアルケレドフデハアリマセン)

저쪽 저 나무 밑에
紙是有筆可沒有
ズイスイウビロメイウ
這是我的那是儞的
ジオスイオデイナスイニイデイ

第二節 可

[이는 肯定的 (는)(온)나 是字와가티 名詞밑에부터「는 은」의 助詞가 되고 그禁止에서는 (며)(는데)(한데)(나 等)이 붙으며 是는 第二 句語지만 可 는 第三 句語가 된다.]

좋기는 좋은데 쓰기가 부족합니다
(ヨイノハヨイデスケレドツカイフソクデス)

물건은 매우 좋은데요
(シナモノハナニヨリモヨイデスネ)

잇기는 잇스나 값이 많슴니다
(アルノハアルケレドネダンガタカイデス)

동시귀 커헌헢아
東西可很好啊
ドンシコハンハオア

한전히 부러 좋지맞다
好可好不夠用
ハオコハオブゴユン

익커여져 먹은
有可有價錢大
イウコイウジャチェンダ

第三節　的 의

の는 換設的(と)也다、또그動關字에받이어(ㄴ)비칠만폐기오한다

● 든책가진돈
（アゲタホンモツタガネ）

그것은말을만드는문제입니다
（ソレハハナシタツクルモンダイデス）

● 내가잇대서말하마
（ボクガツヅケテハナシスル크）

저사람이즐먼서신문을봅니다
（アノ人ガネムリシナガラシンアンアョンデイマス）

머리물숙이고서글씨를쓴다
（アタマヲサゲテジヲカイテナル）

第四節　着 제

｛이字는接續詞 또接詞와 副詞의사이에 在하야（서）
도되고（면서）도되고（고서）도된다｝

나의주며도의쳠
（숲논손에돈것）
拿的書外的銀 的錢
(높는몸에진인것)
ナデイスウダイデイチエン

나씨원와의리무
那是繪話的題目
ナスイボンフヮデイチイム

워혁저왜
我接着說
ウオジエジオスオ

타머저쭌얼간밭
他打着啯兒看報
タダジオドンユルカンバネ

듸저력베쯔
低着頭寫字
デイジオトウセツ

第五節　也 에

(이는過去格(모)ㅂ니다、모든종말자면그소(詞)밑에此字를두며끗절이이라는말에꽁한것이라)

나므한쭐을모르고그도또한모릅니다
(ワタクシモナニシツナダモナカワカラナイデス)

오늘하지못해도일없슴니다
(キヨウデキナクドモカマヒマセン)

我也不會做他過是不明白
ウオイエブカイジオタイスイアミンパイ

今天做不了也不碍事
ジンテンジオブチヤオイエアイスイ

第六節　還 해

(이字는未來格(모)ㅂ니다、이字를副詞도섞기어씀요(아직)(오히려)(도)가된다 時期의未來格이어서)

지금도있을듯합니다
(イマモアルラシイデス)

종일해도아직하지못했느냐
(イチニチヤッテモマダスマナイカ)

現在還許有
センザイハイスイイウ

懸了半天還做不出來麽
チオラバンテンハイジオブチウラ

第七節　上 쌍

(이字는上下라는方向嗣이지마는그말이그에作의表面에屬한則(에)로받친가스란或(에다가)로된다)

擦醉에ㅡ날개 깃없었다
（ユナニチヨダガスツテキル）

하늘에무지개 가섯다
（ソラニニジガタツタ）

第八節 裏 리

【이字는裝裏라는方向詞이나그밧기그物件의底面에關保가될時에（에）에서（比）로판를씨기도한다】

ᅹ벙송마망
花見上落了蝿兒了
フウエルサンラフオエルラ

덴방추마망
天上出了虹了
テンサンチウラカンラ

- 화로에불좀담어라
（とパチニヒクチヨフトイレナサイ）

- 이것은산소에서나는것임니다
（コレハヤマノナカカラテルモノデス）

第九節 마 짝

（이字는被動的（에）（게）（에게）로니그被動되는名詞으 메따루굼등으면그먼막가된다）

- 말이비이아아믐니다
（ウマニクレマシタ）

저거긔난미마마
這個足川裏要長的
ジヨグスイザンリヨザンデイ

우전듸창굉법위
火然裏裝的兒火
フオザンリジワンデインエルフオ

잘마뒤마
때馬踢了
ジヤオマトイラ

● 당신뉘게속았었소
（アナタ、ダレニ、ダマサレマシタカ）

● 물에떠나갔소
（ミヅニナガサレマシタ）

第十節 被 때

이字는따와一段으로通用하는被動 (헤)(게)(에게)하는따라

你叫誰哄了
ニイジヤオスイフンラ

叫水沖去了
ジヤオスイチウンチウイラ

被槍打死了
ベイチヤンタツラ

被敵兵打敗了
ベイテイビンタパイラ

● 총에맞아죽었읍니다
（テッボウニウタラレテシュマシタ）

● 적병에게패하였읍니다
（テキヘイニマケマシタ）

● 문을닫쳐라
（トヲシメナサイ）

第十一節 把 때

（을）（를）此니何詞에서든지以上北를닫자면이字를그詞 十에놓고動詞을그詞아래붙여야動作이된다

把門關上
パモングワンサン

번쩍여기를치어라
(ニコチラカタツケナサイ)

禮때혀젠뒤위치래
先把這遊收起來
センバジオベンソウチライ

第十二節 拿 나

(「로」「으로」딴니名詞나形容이나言語等에이吐을달자
면名詞우에이字를용고그아래에動詞를부친다)

● 손으로만지지마오
(テデサワラナイヤウニシナサイ)
부야나꺽머라
不要拿手摸他
ブヤオナソウモタ

● 칼로적엇다
(カタナデキッタ)
나쁘쓰진다
拿刀子欣子
ナタオッカンラ

第十三節 使 시

(이字도「로」「으로」딴니그뒤法이손과意씨하나李는가킨다는듯이
오는는부린다는이니그쌔의논의物읫이섯字助詞를쓴다即「으로하야금」와함이다
야適當할時논使字를쓴다)

● 소로실어왔다
(ウシニノセテキタ)
식부쥑래라
使牛駝來了
スニクトオライラ

● 손으로들수없으면어깨에다가메여라
(テデモチニクカッタラカタニノセナサイ)
의억나부든ㅅ엔쌍캉저바
使手傘不動鹃肩上扛着罷
スイソウナトンバジエンサンカンジオパ

第十四節　用 ᆃ

｛이 字 도「로」「으로」라 ᆞ니「으로」의 略이며、 그 法이 ьᅳ와 相異하나
그 物質이 使字 보다 用字 붓처야 할 때 논 이 字 로 해야 편타｝

{이것은 손으로 만 것이오
(コレハ手デアンダモノデス)

저것은 긔게로 짠 것이다
(アレハ機械デオッタモノダ)

종이 론 칼 으로 치고 못은 자루로 첬다
(カミハヤ等デ切リ木デハ本デウッヘルノダ)

第十五節　論 론

｛「로」「으로」니 論의 用途는 賞歎하는 物件에對하야 斤이요 尺이요
로잡、로演로綜으로판다 논 데에 쓰는 것이니、即「으로의 論들」이라
이며、뜻 논「로친다」이다｝

저기 등장 매개 논 소
[紙是論張疊是論沓
ᆺシエンジチズイダイ

第十六節　往 왕

｛此 「로」、「으로」바다、假令方向에 限하야 쓰는 포}
[반다、바서上下左右內外에의「로」이다]

이곱은 밖으로 불옥하고
[通達露過該外跋]
}

第十七節　在 에

處所나 方向우에 前置詞 토서 「서늬」가 된다

那根柱子往裏趙
ナゴンジウツワンシチェ
당신은동으로내려가시오
(アナタス、ヒガシノホウニオキナサイ)

爾是往東走
ニイスイワンドンゾウ
나는서편으로「올라」갑니다
(ワシハ、ニレノホウニユキマス)

我是往西去
ウオスイワンシチイ
그는앞에서가고
(ソノヒトハマエニテユクシ)

他在前頭走
タジヨチエントウジウ
나는뒤에서쫓아왔습니다
(ボクハ、ウシロニテオドモシマシタ)

我在後頭起
ウオジオホウトウガン

第十八節　在 에

處所우에나 動詞아래다 名詞우에붙어서「다가」에「다가」가된다,

깨ㅅ서…다가기한은썼고
(ケイヤクシ ヨノウヱニ ハキゲンタカイタシ)

在合同(逋稱契約書)上寫了限期
ジオカトン サンセヤウセンチ

六三

●예약표우다가분명히했습니다
（ヨヤクヒョウデハッキリメイヒョウウニシマシタ）

第十九節　從※

{名詞우에나處所우에在하야그아래에去나來의動詞를膀하야「로니」「서」「에서」「게서」로된다、「으로차」의約}

●저피딴
在批單（物品預買證）上具的明白了
ジォビダン サンジウイディミンパイラ
항저의밍바따

●신앙밍배랴칭싱
從信上明白了情形
ツンシンサンミンパイラチンレン

●창상궈래따
從墻上過來的
ツォンチャンサンクオライディ

●상해매래랴
從上海買來了
ツォンサンハイマイライラ

●수상댜래듸궈쯔
從樹上掉下來的果子
ツォンスウサンダオサライデイゴウ

●워저열숭츄의
從我這兒送去的
ツォンウオジォエルスウンチュウディ

第二十節　到※

※距離、日數、時期、時間等에限한「까지」따라

●편지로형피음알앗습니다
（テカミデアニサマワカリマシタ）

●담으로넘어왓습니다
（ヘイヲヘテキマシタ）

●상해서사왔습니다
（シャンハイカラカッチキマシタ）

●나무에서떨어진과실입니다
（キカラオチタクダモノデス）

●내게서보낸것입니다
（ボクカラオクッタモノデス）

여기서저기까지
（コチカラアソコマデ）

오늘부터내일까지
（キョウカラアシタマデ）

第二十一節　再

〔兩截一句話의中間에入하야上下兩截을聯絡시키는（고）（하고）인未來格이다〕

둥진열따밍뗀
從今兒到明天
チウンジンエルダオミンテン

쭝저얼따나뻰
從這兒到那邊
チウンジオエルダオナペン

칸칸짜이저우
看看再走
カンカンザイジオウ

구경하고갑시다
（ケンブツシテカラユキマショウ）

츠반짜이쮜우빠
吃飯再做罷
チイパンザイゾウパ

밥먹고하리라
（ゴハンヲタベテヤリナサイ）

第二十二節　又…又

〔거듭「고」또나, 動詞나形容詞에, 이맏가꾸번달리면 又字가접들어간다〕

이우안이우치오우디시엔즈이디메싸쯔
又酸又臭的簡直的沒法吃
역썬부뚜듸쩬즈듸메빠쯔

시고구리고아주먹을수가없다
（スッパイシクサイシジッニタベラレマセン）

第二十三節 纔재

{「야」「해야」한니上一裁, 下一裁의 中間에 入하야 上下裁를 接續하】는 吐다, 漢文方字의 있오, 새기면 「겨우」라는 뜻이다}

저거쌔쩜마뭐쨰할희
這個菜怎麽做纔好吃
チヨゴチアイゾンマチオチアイハオチイ

졈마만쌔징
這麽辦纔行
チオマバンチアイレン

이나물은어떠케만들어먹기가좋겠읍니까
(コノヤシハドウコシラヘダラタベヤスイノデスカ)

이러케해야됩니다
(コウシナケレバナリマセン)

第二十四節 得득

{未來的 으로 무엇을하려쩍「해야되겠다」는 助詞의 前置詞字가된다}

워메춰이탕라
我得去一趟了
ウオデイチウイイタンラ

떼쌓캉라
得燒炕了
ディサオカンラ

내가한번가야하겠다
(ヘタガ、イチドユカタデナナリマセン)

방에불을때여야되겠다
(ヘヤニ、ヒタタカネバナリマセン)

第二十五節 必得, 必須得

{이는 그머케 「해야만된다」「야만한다」의 助詞로 곽같은吐다, 얼기를꾝必한다는 뜻이다}

워쇠떼떼춰이뵈떼떼
我是必得去爾是必得來
カオスイビデイチウイニスイビデイライ

나는가야만되고너는와야만된다
(ボクハ、ユカネバナラナイシ、オマヘハコナケレバナリマセン)

第二十六節　可、可以
키　커이

不動動詞우에서可成的할만하다는「판」뜻다

(ㄱ) 人人必須得有
　　렌렌비스이데이이우
　　사람마다 엇어야만되고
　　(ヒトビトハッタラナケレバナラナイシン)

(ㄴ) 家家必須得用
　　쟈쟈비스이데이유
　　집마다써야 단한다
　　(イヘイヘハッカワネバナリマセン)

(ㄷ) 必得他來交兌
　　비디타라이쟈오디
　　고대 이 단된다
　　(コウタイシナケレバナリマセン)

(ㄹ) 那個人很可靠
　　나고렌헌커카오
　　그사람이매우믿을만하오
　　(ソノヒトハタイヘンシンゼラレマス)

(ㅁ) 可以學
　　커이쉐
　　배울만하오
　　(チラブベキデアリマス)

第二十七節　就 쥬

「편」 「즉」 맛다 漢文에 卽字다, 副詞로는「곧」이다.

有一個就行
이우이고지우싱
하나만있으면됩니다
(ヒトツサヘアレバデキマス)

第二十八節　一……就 져

【「만……하면」토니 動詞와 動詞의 連絡語이면 一字를 上動詞우에 놓고 就字를 下動詞우에 놓으며 動詞와 形容詞우에도 亦同하다】

가기만하면아주당장이오「옵소」
(ユキサヘスレバ、ナニヨリスグサイマデス)

전화만하면곧보내오「곧가져옵니다」
(デンワサヘスレバ、スグトドケイタシマス)

一去就很現成
イチウイジウホンセンチオン

一打電話就送來了
イダデンフワジウソンライラ

第二十九節　覺 쩍

意識的「쩍」토니 心理上推測詞다

머리가내둘리는듯하고
(アタマガ、メグラシソウデアリ)

또속이메식고은듯합니다
(マタオナカガ、ハカントスルノデス)

覺着頭發暈
ジウオジオトウバユン

又覺着惡心
イウジオオシン

第三十節　許 쉬

預料的「듯」토니 事物上推測詞다

이것우를듯하고
(コレハオホキイヤウデアルシ)

這個許是大
ジオゴスイウダ

六八

(アレハチイサイラシイデス)

一 那個許是小
ナゴスイスイサオ
낙가 쉬쉬 씨오

第三十一節 和해 接續的「와」과「와」與又는及字의 意다

그것과다릅니다
(ソレトチガヒマス)
和那個兩樣
ハイナゴリヤンヤン
해나거량양

이거와갈고
(コレトオナジデアリ)
和這個一樣
ハイジォイヤン
해저거이양

명주처럼보드럽습니다
(キヌノヨウニ、ヤワラカイノデス)
跟綢綢軟
ゴンメンチオウロワン
견면치오로완

난, 허선생한테배운것입니다
(ワタクシハ、キョセンイカラナラツタノデス)
我跟許先生學的
ウオゴンスイセンンシュオイディ
워껀쉬썬씽쒸오이디

케와한모양으로네모가집니다
(コカクトオナジク、シカクニナリマス)
跟惩一様的四方
ゴンキオイヤンディッパン
껀긔오이양디잇빤

第三十二節 跟 견

「한테늑처럼」만오又는「와」「과」로되나니和와同하다

六九

第三十三節　叫　잘

使命的「머리」따너니、人代名詞上에만限한다

叫他回去罷
ジヤオタフワチウイパ
잘라화취바

그이더러돌아가라고하여라
（カレニツレテカエレトイイナサイ）

第三十四節　任　런

「도」「둔지」따니「無論」의뜻가包含된것이다、그適用範圍는이퀫法에不過하고山東쪽에는任을「管」으로用하는것이다

他任甚麽時侯見來的晩
タレンソンマスイホウエルテイデイワン

他任事不做竟開着
タレンスイアソウジシンセンジオ

그는어느때든지늦게오더라
（カレハイツデモオンクグルネ）

그는아무일도아니하고놀기만합니다
（カレハナンノシゴトモシナイデアソンデバカリデス）

第三十五節　越…越

「動詞에든지形容詞에든지兩越字가間附하여一個씩入한다」[수록]따가된다

越撓越厚
ユオンジヤオユオンホウ

越擦越硬
ユオンフオユオンイオン

저울수록되어지고
（カキマワスホドホパクナルシ）

만족할수록딴딴하게지다
（コネルホドカタクナリマス）

第三十六節　連…地…都　[遮字 밑에도「까지」만오、連接字가 하든지連都가會話音 지上下相應하야「도」는「까지」도「도」는「까지」만 가진다]

가저오는부비까지한권에육십전이오
(ソウリョウトドモエイツサツロクジッセンデス)
●●
하나도없다(여럿은커녕하나도없다)
(ヒトツモナイ)
●●
본전도못되오(이가남기는커녕본전도못된다)
(ゲンキンニモナリマセン)
아마그의머살까지도보전치못할가보오
(タブンカレノカンシヨクモチガタイヤウデアリマス)

렌때에렁잗쳰이뎐
連帶費六角錢一本
レンダイベリュウジヤオチェンイボン

땐이거에메뉴
連一個也沒有
レンイゴイエメイウ

땐면쳰타뚜부
連本錢打的債也保不住
レンボンチェントウブゴウ
파뇌벤타뜨나채써아요부빠
怕是連他的差使也保不住罷
バスイレンタダイチアイスイイェオブジウ⦆ロ

第三十七節　照　챠　[標準에 依據하야 그 役割대로 한다는「대로」만다]

폐장꽁리셔
得照公理說
ディザオグンリスオ

第三十八節　隨…隨　[某動作에 依하야 某動作을 行하는 隨勢的 「대로」만다]

경우대로 말해야 되지오
(バアイニシタガヒオハナシナケレバナリマセン)

第三十九節　就是

就是 名詞或은 敷詞動詞우에부치여現在的으로「뿐니만」가된다

송취의 주의 저지 거아
送去的就是這幾個啊
スウンチウイデイジウスイジオジオア

所有的莊稼都不要緊就是麥蕎稻了
스이우디잔자우뿌야오진지우스이마이자오따오라
オマイザオ

보는대로바로잊어버렸습니다
ミマシタケレドモスグワスレマシタ

가저간것은이몇개뿐입니다
モッテユクモノハコレダケデス

모든농사가다괜찬코밀(단)결단이오
ショノウサクモツハホウサクデコムギノミキョウサクデス

第四十節　就是…也

{就是를名詞或은動詞우에놓고그밑에도둘놓이면「라도」「이닥도」「라도」가된다}

주의 왠쌍에 커이 송래
就是晚上也可以送來
ジウスイワンサンイエコイツウンライ

주의 년재에 커이 에따이
就是現在也可以帶來
ジウスイシエンザイイエコイダイライ

주의 뺀라다 그 타야불가당면제술
就是見了他也不可當面提述
ジウスイジエンラタイエブコダンメントイジウ

저녁때라도가저올수가있소(보별수있소)
ヒグレデモモッテコラレマスカ

지금이라도데리고울수있소(가지고울수있소)
イマデモツレテコラレマスカ

그를보더라도그를면대해서할말은못돼오
カレニアウテモカレノメンゼンテハナシスルマデニハイケマセン

第四十一節 但단

다만이라는意를有한未來拒(만)쁜다、不但은「뿐만아니라」가된다

● 사람이마음만쓰면하지못할것이없지오
(ヒトガココロザシタナラザルコト〈アリマセン)

人但能用心就沒有辦不到的
レンダンノンユンシンジウメイウパンブメナダイ

● 머가뿐만아니오또그물입히기도하오
クワセルノミナラズマタカレヲキサセルコトモアリマス

不但管吃還是給他管穿
ブダンゴワンチイハイスイゴイタダワンチヤン

第四十二節 只지

다만이라는意를有한過去拒(만)이다

● 오늘이것한장만읽엇습니다
(キヨウコレイチマイダケヨミマシタ)

今天只念了這一章了
ジンテンズイネンラジオイザンラ

● 오륙일읽을것만남엇습니다
(ゴロクニチカンヨムブンダケノコリマシタ)

只剩了五六天念的了
ズイソンラウリウテンネンデイラ

第四十三節 光광

「만잣」이라는意를有한(만)쁜다

● 너혼자만왓느냐
(オマヘヒトリダケキタカ)

광늬쪼지패라마
光偕自己來了麼
ゴワンエイツジライマ

第四十四節　竟 정

「독」「달이」라는 意를 有한「만」이라

他竟吹大氣
타쳐 졍쳐 따치
タスイジンチオイチ

他是竟要小巧
타쳐 졍쳑 썌챠오
タスイジンソウシャオチャオ

― ― ― ― ― ― ― ― ―

그는 큰 뽕만친다
(カレハ、オホカゼヲフクダケデス)

그는 알은 퍼 만 부린다
(カレハアサイ、スベヲバカリマス)

第四十五節　若 뤄

假定的未來格인(면)(하면)(더면)(으면)이라

若是下雨還得改日字
뤄스샤우위하이데가이르자
ルオスイシャニュイハイデイガイリフ

若是不先留押頭
뤄스부셴류야터우
ルオスイブセンリウヤトウ

恐怕歸爲無效
쿵파꿰웨이우샤오
クンパクオイウオイウシャオ

我若到了可就成的
워뤄다오라커쥬청더
ウオルオダオリヨコジウチオンデイ

― ― ― ― ― ― ― ― ―

비가 오면 도일ㅅ자를 고처야 겟슴니다
(アメガフツタラマタヒヲアラタメナケレバナリマセン)

먼저 담보를 둘ㅅ자 야 니하면
(サキニタンポヲオカナケレバ)

무효가 될 듯 합니다
(ムコウニナルラシイデス)

내가 갓스면 당장되 엿을걸
(ワッカイツタナラバ、スグデキルノヲ)

(그가 집에 없으면)
(カレガウチニイナケレバ)

회관으로 가서 그를 찾어라
(カイカンエイッテ、カレヲタヅネナサイ)

커이 쏘 타이 훠이관 취 자오 타
可以到會舘去找他
コイダオホイゴワンチウザオタ

뤄스 타 부 자이 쟈
若是他不在家
ルオスイタブザイジャ

第四十六節　雖

(假設詞로 名詞或은 動詞우에 부치어 만(고) 或은 (퍈又그때모)가 된
다, 雖만은 現在格이오 (雖是는)過去格이오、(雖然是)는 大過去
格이오 그 動詞는 (지만도)다)

쟈 쳰 쉐이 따 이 뎬 둥시 커 하오
價錢雖大一點東西可好
ジャチェンスオダイデントンシコハオ

값은 좀 만해도 물건은 좃소
(ネダンハスコシタカクテモシナモノハヨイデス)

니 쉐이 졘 랴 쯔이 부 커 이 쟈오 런 즈다오
儞雖見了再不可以叫人知道
ナイシユイジオンラジオブコイジャオレンズイダオ

너는 보앗드래도 또 남우 알녀서는 아니 된다
オマヘハミタトシテモマタヒトニシラセテハナリマセン

쉐이 쉐이 랴 지 녠 나 넝 두 밍바이 바 이
雖學了幾年那能都明白呢
ソイシユイラジネンナノントウミンバイユイ

몃히 배웟슨들 엇더케 다 알겟소
ナンネンサラツタトシテドウシテミナワカリマスカ

화 쉐이 스 하오 짜이 다오 샹 터우 커 부 허 스
話雖是好湊在道上頭可不合式
フワシユイスイホウザイダウザントウブヘシ

말은 좃지만도 여기다 너서는 맛질 안는다
オハナシハケッコウナルモコニハアテハマラナイノダ

第四十七節　因爲 인웨 {事故의 因緣을 表示하는 助詞이다、名詞上에잇서서(때문에)(으로해서)(서)만가된다}

사람이만키때문에구경할수가없소
(ヒトガオホゼイダカラゲンブツガデキナイデス)

그는시험으로해서못가옵니다
(カレハシケンノタメニユカレナカッタノデス)

량방의말이빗나가서
(リヨウホウノハナシガ、アイチガッテ)

말자단이낫답니다
(モンダイニナッタノデス)

인워뎐메에빠칸 因爲人多沒法看
インウォレントウオメバカン

타역인워한의메이 他是因爲考試沒去
タスインオオカオスイメチウイ

냐주럭저때라 兩下裏因爲話不投機
リヤンシャリインウォワブトウジ

캐추컵저래라 鬧出口舌來了
ナオチウコウシライラ

第四十八節　所以 쉬이 {廳上起下하는 連接詞로上下兩句의 中間에서(걸내)(고로)(서)(낫가)(그럼으로)가된다}

떡어럭쉬이저마판 必是紙所以這麼軟
ビスイズスオイジエオマロワン

타역쩌거만큼쉬이워부션 他有這個毛病所以我不信
タイウジオゴモビンスオイウオプレン

편지조히길내이러케부드럽지오
(マキガミタカフコンナニヤワラカイデスヨ)

그가이런흠절이잇는고로내가밋지못하오
(カレハコンナツミガアルカラボクハシンゼラレナイノデス)

아직성패를알수없어서나는매우염려가되오
〈マダセイシツガワカラナイカラワタクシハズイブン
ンパイニナリマス〉

당신이범위를좁게생각하니까
〈アナタガハンイヲセマクカンガヘマスカラ〉

할수록욱아지지오
〈ヤルホドマグルノデス〉

第四十九節 只管 リクワン
〔單一的命令詞으只가「만」이되고밑은「해」가되야가만해라는〕

● 너는가자가기만해라
〈オマヘワツテユクコトダケシナサイ〉

第五十節 只可 リクワ
〔當可的이나(でな)(만이나)뜻다〕

● 서로의론이나하지강제로는못하오
〔オタガイニソウダハスルガキヨウセイ○ニハデキ
マセン〕

● 당장에나먹지오해두든못합니다
〈スグニハ、メベラレルシガ、ヒサンクハオカレマセン〉

還不定成破所以我很掛心
ハイブドインチオンパスオイウオホンゴワシン

您把道路想窄了所以
ニンバダルシヤンイザイランナイ

越做越做不開了
エオイスオユオイジオブカイラ

爾只管拿去
ニイズイゴワンナチウイ

只可相議不可相強
ズイコシヤンイ○コシヤンチヤシ

只可現吃不能久穩
ズイコセンチイブノンジウウオン

七七

그저나 보지고파서 용은되지 못하오
(タダニヘヨマレルガキヨウカシヨヨウニハナレマセン)

그가 한번만 이나 주지
(カレガイチドグライハクレルカ)

또더해서는 못되지다 또더는 못됩니다
(ソノウエニハデキナイトイヒマシタ)

한감 쑴이 나 되지 또더는 못됩니다
(ヒトソロヒダケヘデキルホソノホカハデキマセン)

第五十一節 等 명 (未來的「거든」만다 動詞上에만부쳐놓아대就가붙으면含의 意ㅇ再가붙는것은徐徐의表示다)

只可閑看不能做工課用
ズイコセンカンブノンズオグンコエン

他說只可給一回
タスオズイコゲイイホイ

再多了不行
ザイドオラブシン

只可够一份材料不能再多了
ズイコウウイポンチアイリヤオブノンザイドオラ

等來了行李就往這裏拿
トンライラシンリジウワンジオリナ

等火生着了再往裏加柴火
トンフヲシンジオラザイワンリジャチアイフヲ

第五十二節 趂 긴 時期에만 區하야 未來를 表示하는 쯤이다

행장이 오거든 못이리 가져 오너라
(コウリガキタナラスグコチラヘモッテキナサイ)

불이 실러지거든 나무를 집어 넣으라
(ヒガモエツイタラ、タキギクイレナサイ)

(前略)

언제쯤이나소식이있겠습니까
(イツゴロニタヨリガアリマスデショウカ)
趕幾時可以有信
ガンジスイコイイウシン
깐지스이커이이우신

第五十三節　倒 따

「도티어」라는뜻을有한「은」이니名詞나助詞밑에붙여吐는形(成하면(논것이)라는助詞로도變한다.

돈은있으나바로사려갈사람이없소
オカネハアルケレドモスグカイニユクヒトガアリマセン
錢倒有就是沒人去買
チェンタオユウジウスメイレンチマイ
쳰따오유우지우스메이련차마이

보진(보기는)보았으나자세한말은못했소
(ミルコトハ)ミタケレドモクワシイオハナシハデキマセンデシタ
見倒見了沒得說細話
ゼンタオゼンラメドスオスイワ
쩬따오쩬라메드스오스이화

내생각갈아서는이런일은
ワタクシノカンガ(ヘ)デロンナコトデハ
依我看這樣事
イウオカンジオヤンスイ
이워칸저양스

도시간섭아니하는것이좋습니다
(ハ)ジメカラカンショウシナイコトガヨイノデス
總是不干預倒好
ジウンスイブガンユイダオハウ
쯍스뿌깐위따오하우

第五十四節　可是 커스

「猶預的」의「는데」「한데」「그런데」「그러나」等助詞가되나(上)下則句를連續식이며或은반우에다가붙일수도있다

독그간말한것갈은데내가자세기억못되구려
(ホ)シトエツセンバンオハナシシタヤウダケレドヨクオボエテオラナイネ
好像他提過可是我記不濟了
ハオシヤンタトイダオコシウオジアチンラ

말은 가득이 있는데 죶지에 생각이 안나는구며
ハナシハオホイケレドモトッゼンカンカ〈ガッカナイネ
● 話有的是可是一時想不出來
ホアイウデイスイコスイイシャンプチウライ

이문은이 문이다 그런데 번호가 맞지를않을뿐
コノカドハコノカドダケレドモバンチガチガウバケダ
● 可是這個門子就是號頭不對
コスインオゴモンツジウスイハオトウブドイ

밝기는밝다 그러나 전등처럼 그리밝지 못하오
(アカルイコトハアカルイガデンドウノヨウエソンナニ
ハアカルクナイデス)
● 亮可是亮沒有電燈那麼亮
リヤンコスイリヤンメイウデンドンナマヨヤン

第五十五節　想　希望的助詞로 動詞上에서서「싫다」가된다

당신무슨물건이 잡숫고싶읍니까
(アナタドンナモノガオアガリタイノデスカ)
● 您想吃甚麼東西
ニンシャンチイソンマトンシ

가려거든너혼자가거라 나는가고싶지않다
(ユクナラオマヘヒドリユケボクハユキタクナイノダ)
● 要去爾自己去我不想去了
ヤオチウイニッジチウイウオブシャン、チウイラ

第五十六節　粧　假飾的「체」라는助詞다

그에게해로운말은
(カレニ、ガイナルオハナシ)
於他有碍的語
ユイタイウアイデイフワ

그 곳이 몇 계급이나 되게 한답니다
カレガスグ、コンナニ ワンボブリクスルノダソウデス
他就這麼糟蹋
タジウジオヂソワンルン

第五十六節 連…帶

【兩個名詞이나 或兩個動詞를 幷擧하야 合할 時에 「과·며」 「과…까지」로 變用할수도 있다】

ᄲᅮᆫ전이며 변리며 돈이 적지 않읍니다
レンボンダイリーチエンブサオ
連本帶利錢不少

사람과 돈까지 모두 잃어 버렸읍니다
レンレンダイチエンドウドウラ
連人帶錢都丢了
(ヒトトゼニマデミンナウシナッチシマイマシタ)

第五十七節 每逢

逢이나 每逢은 期間으로 「마다」 「적마다」 뜻이 곱된다

당신이 네거리 가는 때 칠마다 장이 섭니까
アナタガワ、ホウハイクミチメニイチバガアリマスカ
爾們那兒是逢幾集市
ニイモンナエルスイボンジイスイ

영문에서는 사흘 아흐레마다 조련하오
ジュヨンリメボンサンジウチナヤオレン
軍營裏每逢三九操練
(グンエイデハミツカゴコノカゴトニソウレンシマス)

환절될 때 다반드시 먼저 풍우가 있지오
メホンフワンジエデイシイホエルビセンイウホンイイ
每逢換節的時候兒必先有風雨
(キセッカワルタビゴトニカナラズサキニアメカゼガアリマス)

第五十八節 부론부론 不論、勿論 (何亦何詞를不問하고(든지)또나論이그경우에붙는다. 그러나不論은現在格이오, 勿論은未來格이다.)

그는누구를데접하든지모두각박합니다
他 不論待誰都思刻薄
タアルンタイスイトウスイコク
(カレヘドナタヲセツタイシテモミナコクハクテシマス)

누구든지편지위미같 때
勿論何等人我都一例看待
ウルンカアトウレンウオドウイリカンタイ

어떠한사람이든지나는모두일체로여기오
(ドンナヒトデモ、ワレハゼンブオナジクオモヒマス)

第六十節 부쥐부관 不拘、不管 (이모不拘勿論과類似한「든지」이나」따다, 不拘는不管이다. 오不管은不管이다.)

부쥐때의 려하오나 쥐우하오나
不拘多少、只要有了、就不算空了
プジユイタウシヤウ、チイヤウイウラウ、チウプツワンタンラ

부관하던지쥐이러케마도
不管他肯不肯就是這麼的
プウクワンタアクンプウクウクワンジウシイチュオマデイ

그는누구말이든지이러케만해야하오
(カレガコノムカシノマナイトカイフデモウシナケレバナリマセン)

얼마든지있기만하면없는셈은아니지오
(イクラデモアリサヘスレバ、ナイコトデハナイノデス)

第六十一節 임령 任憑 (任他自由하는(든지)니不拘、不管과같다

큰일이나잗은일이나모두삼가해야되지오
不拘大小事都得要謹愼
プジユイダザアオスイトウデイジンソン
(タイジデモセウジデモミナツシマナケレバナリマセン)

八二

네가 어떻게 말하든지
(キマヘガナントイッテモ)

그는 조금도 차관하지않는다
(カレハスコシモカンシヨウシナイデス)

第六十二節　固然是(구연씨)

(形容詞或은 動詞에「마는」「치마는」「지마는」「것지마는」이도머가면 그 쯤우에 固然를 加하는 것이다)

그 사람이 중견하지마는
(ソノヒトガヨイケレド를)

그런데 때를 못만나서
(シカシウンガマワツチヤロナイノデ)

남의 일을 해주는 것이 마음에 맞으면 좋지마는
(ヒトノコトヲシテヤルノガココロニアッタラヨイガ)

합의 치아 너하면 원망을 맡기어 어려운 것이오
(コウイデナケレバ、ウラミラマイヌカヨリダイモノデス)

任恁你怎麼說
レンピン二イジオナンマスイ

他是一字不理
タスイイブリ

那個人固然是好
ナゴレングリンスイハオ

可是不過時
コスイブニイスイ

替人辨事若對心固然妤
トイレンバンスイルオドイシングリンハオ

不合意難免受怨的
ブホイナンメンソウオンデイ

第十五章　助詞字一覽

(是) 는,은
(可) 는,은,(데)(한데)(나)
(的) 는,은
(着) 서,면서,고서
(也) 도,(또한)
(還) 도,(아직)(오이며)(도)
(上) 에,에다가
(裏) 에,에서
(叫) 에게,에게
(被) 에게,에게 } 同
(把) 을,를

(拿) 로,으로
(使) 로,으로,(으로하여금)
(用) 로,으로,(으로써)
(論) 로,으로,(으로친다)
(往) 로,으로
(在) 서,에서
(在) 다가,에다가
(從) 로,으로서,에서,게서
(到) 까지
(再) 고,하고
(又…又) 고…고,고도

(總) 야, 해야
(得) 야하겠다, 해야된다
(必須得) 야만된다, 해야만한다
(可以) 만
(就) 면
(一…就) 만…하면
(和) 와, 과
(許) 듯
(覺) 듯
(跟) 에게, 안테, 처럼, 와, 과
(任) 다려, 더러
(任) 도, 든지
(趙…越) 을수록,

(連…也) 까지, 까지로, 도
(照) 대로
(隨…隨) 대로
(就是) 뿐, 或만
(就是…也) 라도, 이라도, 해도
(但) 만
(若) 면, 하면, 으면, 더면
(竟) 만
(光) 만, 뿐
(只) 만
(雖…然是) 나, 도, 더라도, 지만도, 들
(因為) 로해서, 로하야, 때문에, 를
(所以) 때문, 에, 서, 길때, 고로, 니까, 그러므로

(只管) 기만해라

(不可) 이나、에나、나、만이나、쯤이나

(單) 거든(下에반드시再가있다)면

(可是) 몌、한데、는데、그런데、그러나

(倒) 은、는것이

(起) 쯤

(卑) 이나、에나、나、만이나、쯤이나

(想) 싫다

第十六章　複言이면(대로)助詞가自然的으로되는例

(固然是) 마는、지만은、젠지마는

(每逢) 마다、적마다

(連…帶) 와、과、까지、며…며

(壯) 체

(不論、勿論、不拘、不責、任憑) 든지、이나

하나가있으면하나를하자
アリノママ、ヤロウ
●있는대로하자

하나룬배우면하나룰안다
マナビノママ、ワカル
●배우는대로안다

얼마가있으면얼마룰사지잇는대로삽시다
イクラオアレバカヒマショウ
●잇는대로삽시다

有一個辨一個
ウウイチコバンイゴ
●뭐이거만이거

學一個會一個
スオイイコホイイゴ
●해이거회이거

有多少買多少
イウトオサオマイドオサオ
●뭐있는매뭐앋

(무엇을달라면무엇이있소) 달라는대로있소
要甚麽有甚麽
ヤオシンマイウシンマ

(뉘것이면누가가저간다) 임자대로가지간다
誰的東西誰拿去
スイディドンシオナチウイ

(있는바를모두가저오너라) 있는데로가지오
所有的都拿來罷
スオイウデイドウナライパ

(어느때가면어느때가저온다) 아무때나가는데로가저온다
幾時去可以幾時拿
ジスイチウイコイジスイナ

(무엇이생각나면무엇을쓴다) 생각나는대로쓴다
想起甚麽來就寫甚麽
シャンチソンマライジウセソンマ

第十七章 單話略解

아십개
(二ジツコ)
二十個
エルスイゴ
(二個는兩個라하지마는二十은兩十이라하지안는다)

사억만
(シオクマン)
四萬萬
ツワンワン
(億은萬萬이다하고億萬이다芒아니한다)

어서
(ハヤク)

어째서
(ドウシテ)

바로
(タダチニ)

지오
(ナザイ)

또뵙겠습니다
(マタオメニカカリマス)

평안하십니까
(オタッシャデスカ)

앉으시오 앉으시오
(オスワリナサイ)

돌아오셨습니까
(オカヘリナサイマシタカ)

야
呀 (어서들어와 재앉오시요)
裏邊坐呀、(快)
コワイ

좀마
怎麽 (어째서왓 엇만때라자부엇
ワンマ 다꼴가오) 怎麽來了就走
就
ジウ

재젠넌나
再見您哪
ザイゼン二インナ

넌하오아
您好啊 (您哪소리를 還尊이 하지않오
二インハオア 면 不敬이다)

칭
請 (당신불일 넌칭지꿍바
チン 보십시오) 您請治公罷(手下人에게는 안쓴다

친지칭지
請坐請坐 (酌은敬語니手下人이면你坐罷이
チンジオチンジオ 라고만한다

닌훼래라
您回來了 (仕退한人이나出他했던人에
二インフオイライラ 게하는人事

전숙못합니다
(オミオクリハイタシマセン)

나오지마사오
(オミオクリナサイマスナ)

평안하십니까당신
(オカワリアリマセンカアナタ)

당신앉으십시오
(アナタオスワリナサイマセ)

읍소이다
(ソウデス)

편히계십시오
(ゴケンザイニ)

당신무엇이바쁘오
(アナタニオイソゲウジガアリマスカ)

진지잡수젓소
(ゴハンオスミニナリマシタカ)

我不送啊
ウオプッソンア
（主人이客을보낼時에房門外나或은大門까지나와서도멀리전송못한다는人事다）

不送不送
プシュンプシュン
（客이主人더러饯送말라고辭하야하는말이다）

好啊您哪
ハオアニンナ
（客이보면平安하냐보고好啊니인하면客이일러서며）

您請坐
ニンチンジオ
（主人이앉으라하면그냥앉는것이아니오，서로앉으마고한다）

不錯
プチウオ
（좋다는말이다）

您詞便能
ニンチンベンバ
（上人이年忙하느냐하면客이일러서며）

您忙这歴了
ニンマンソンマ
（손가나고하면主人이依例히하는말이다）

用過飯了麽
ユングオパンラマ
（用은갑수다는敬語다）

술좀집수시오（オサケオノミナサイ）
너가서차따러라（スマヘイッテオチャヲツゲ）
오나놓아두어라（ソウダガッテオキナサイ）
●
혼자먹었습니다（ヒトリデタベマシタ）
괜찬습니다（ケッコウデス）
천만의말슴입니다（ゴモットモナオヘナレデス）
좀（잘깐, 즈금）（チョット）
당신돈찾으러가시오（アナタ、オカドトリニユキマスカ）

허뗀쮜바 喝點酒罷 ヒオディンジウバ（茶와酒와水等에는喝마한다）
니쮜따차 你去倒茶 ニイチウイダオチア（下人을命令하는말이다）
하오니고저 好你攔着 ハオニイコジオ
●
삔인판즈 偏您飯子 ペンニインパンラ（밥다먹고나서하는말이다）
리당리당 理當理當 リダンリダン（말에대한드 답）不要緊 부얀진
학쇠 好說 ハオジオ
뗀（은행에일이좀）點 ディン（인항머우뗀시 銀行裏有點事）
您去取錢去呀
ニインチウイチウエンチウイヤ（現在가는것을下에있다）

난돈을좀부치러갑니다
(ワタクシハカネヲアヅケニユキマス)

집에 가시거든놀다가시오
(ウチエイッテアソンデユキナサイ)

녜(諾)(イ) 이아매恭恪는極敬
語오普通은숲이다

황송합니다 (カタジケナウゴザリマス)
好만은恭
歉의쯧

서부러(오로부러)
(カラ、ヨリ)

은행에 부러옵니다
(銀行からまゐります)

어느곳서원보장사를합니까
(ドウチデ、タカラウリヲシマスカ)

워취때매첸취
我去滙筆錢去 (돈얼마수물말치암)
ウオチウイフオイパチエンチウイ

到家坐會兒罷 (會兒은時間에對하야좀이
ダオジオヂヨイエルバ 라전슴니다)

是 (메내가집에서기다
スイ 리겟슴니다)

好說 (황숙합니다내)
ハオスオ 가꼭가지오

好說我必要去的
是我在家恭候啊

打 (다는前置詞니何處로서온다하면그地名우에
ダ 다打나것을붓고그下에來론놋는다)

打銀行裏來
ダインハンリライ

滙水怎麽個行市 (滙水는여기든운中錢푸리
フオイスイゾンマゴハンスイ 로네면銀푼리로치는것이다)

那一家做元寳寳呢
ナイジヤジウオ オインパオパイマイニイ

九一

내가신문하나를보고자하나
(ボクガシンブンヲモウトスルガ)
●
어느것이좋은지모르겠습니다
(ドンナモノガヨイカワカラナイノデス)
●
모든일이내기를때우빨리하지오
(ナンデモオゴルコトナラハヤイデスヨ)
●
합니다
(トイヒマス)
●
그사람을보셨습니까
(ソノヒトヲミマシタカ)
●
조선은행이라합데다
(チョウセンギンコウトイヒマス)
●
어에
(オイ)
●
계약은하고 그가아직도장은아니쳤습니다
(ケイヤクハシテモカレハマダハンコヲオシテイナイノデ
ス)

●
워야칸이편말
我要看一份報
ウオヤオカンイポン
●
부러의내가한
不知处那個好
ブズイスイナゴハオ
●
쉬워되쉬보되쉰께
所有的事、報的很快
スオイウデイスイパオデイホンコワイ
●
쉬쉬
說处
スオスイ
●
쉬워찬힌인항
說是朝鮮銀行
スオヘイチアオセンインハン
●
젠저라라마
見着他了麽 (前에小過去를붙이고了麽에疑問이라
ゼンジオタラマ
●
웨이
喠 (라한다
ウオイ
●
허퉁의ㅣ라 타해에다두우 부로는때는이字를쓴다手下人에게喠
合同這了、他遠没打圖著
ホトウンスイリラタハイメダトウスウ

● 보증금이있을터이지오
(ホシヨウキンガアルハズデセウ)

● 녜보증금을내게됩니다
(ハイホシヨウキンヲダスコトニナリマシタ)

● 돈수효에대하야먼저삼활올보내는것입니다
(オカネノキンガクヱヨツテサキニサンワリダスモノデス)

● 오늘이초열흘입니다
(キヨウガトウカデス)

● 지금날이잘라서더구나축하야보이겠지오
(イマハヒガミジカクテコトニハヤクナルノデセウ)

● 가보아서오지오
(ワタクシガミテキマス)

● 이비가와서사리그치지않읍노
(コノアメガナテバヤクトドマラナイデス)

● 그것이도리어귀찬디요
(ソレガカヘツテウルサイノデス)

깨우야 · 진바
該有押金罷(該가허이만副詞다)
ガイイウヤシンバ

니메
是得拿押金(得이未來的이된다눈副詞다)
スイディナヤジン

안저쳔쥬업 쎈나싼청되
挨錢幾兒、先拿三塊的
アシチエンスウエルセンナサンチオンディ

진느츄쉬
今天初十 (切一初二로쿠三十日까지日)
シンテンチウスイ 는不要

쎈자이텐도인공센쟈오콰이이
現在天短、更養的功
センザイテンドインゴンセンジヤオコワイイ

워저쯔 ··· 뱌뇽는未定詞다
我看着 …… 兵龍는未定詞다
ウオカンジオライバ

저거위 이익 얼부년쥬라
這個雨、一半、兒、不能住了
ジオイイパンスイエルプヌンジウラ

나나뻬1미
那倒累整
ナダオレジオイ

어떻소
(ドウデスカ)

못됩니다
(デキマセン)

당신값을다루지마시오
(アナタネダンヲアラツハナイデクダサイ)

한갑
(ヒトハコ)

그러지오
(ソウイタシマス)

너는
(オマエ)

이물건물
(コノシナモノハ)

어떻게부치시오
(ドンナニアゲマスカ)

싱부싱 行不行 シンブシン

부싱 不行 ブシン

닌부야오싼쟈얼즈 您不要殿價兒子 ニンブヤオシャンジャエルヅ

이허 一盒 (乾柵蜀等)

싱아 行啊 シンア

니뉘 你呃 ニネイ (의논略詞니꾜한우쓰써、그아몃말을略해버리는것이다)

저볘동시 這些東西 ジオセドンシ (쓰가물이다)

쩜마거쏘파니 怎麽個捎法呃 ソンマゴシャオパニイ

● 아시재가맞소
（コノトケイガアウノデスカ）
● 지금가서늦지않겠슴니까
（イマイッテオソクナイノデスカ）
● 아마저녁에서리가있겠는걸요
（オソラクユウガタニハシモガフルデシヨウ）
● 어쨌든몃츠년으로치지오
（ドウシテモキウネンダトイヰマセウ）
● 거진모두마중배끝남니다
（ホドンドキネンシマワリヲイタシマシタ）
● 대인개세배드림니다
（ジョウカンエネンシノアイサツヲイタシマス）
● 아주쑤하다
（タイヘンハヤイ）
● 허둠에
（コノツギニ）

저자죵뙤부뙤
遣架鍾對不對
ジオジヤジユンドイブドイ
（架字가없오면時鐘이의지못한다）

헴계뙨완부뙈아
現在走晚不了啊
センザイジョウワンブリヤア

쿵파앙방상유앏
恐怕晚上有藉醜
インパンサンイウソワンバ

차부뙈빼왠랴
差不多都拜完了
チャアブドオドウバイワンラ

쏭쏸싀핫녠튀
總算是好年頭
ジウンソワンスイハオネントウ
（了가不字下에在하야사消기가될時에는晉이랴가됨）

령콰이
頂快
ドインヨワイ

등랴외뙤
等囬頭
ドンラオイドウ

킷퇴
叩大人節
（下首이上首에게하는말이다）
コウダレンジオイ

한개
（イッコ）

한장
（イチマイ）

흠
（キズ）

책목묵
（ナンモタロタ）

얼마든지
（イクラデモ）

밧버마지오
（オ〔ン〕クシナサルナ）

어재한가지가없소
（ドウシテヒトツノモノガナイノデスカ）

어느때밤먹느냐
（イツゴロゴハンヲメベマスカ）

一管（毛筆）一根（鐵筆）一塊（手巾）
イコワン　イコン　イコワイ

一丁（墨）一張（蒔）
イドイン　イザン

書單子
スウダンツ

毛病
マホヒン

不管多少
ブゴワンドオナオ

別忙
ベイマン

怎麼少一件
ソンマサオイゼン　（少を數交中에서없는것）

甚麼時候見開飯
ソンマスイホウエルカイペン　（開飯은吃밥과　機面의謂）

가서전지잡수십시오
(イラシャッテゴハンヲオアガリナサイマセ)

가서알아보아드리지오
(イッテシラベテアゲマス)

너조사(調査)하여보아라
(オマヘノラベテミナサイ)

· · · · · · · ·

그러지오、용서하십시오
(ソウイタシマス、ゴメンクダサイ)

먼저좀주선하여주십시오
(オサキニチョットアッセンレテクダサイマセ)

태안산이어느길거리에있느냐
(タイアンザンガドノマチニアリマスカ)

조심
(ヨウジン)

그렇게(그러면)
(ソンナニ、ソウスレ)

칭겨취의반유나
請過去吃飯您哪
チングオチウイチイバンユインナ

떵치게닌다붕다칭 (等은將矢갈러인未來ㅅ打聽
等去給您打聽打聽　　　　　　　　은未來의複式이다)
ドンチウイゴイユインダドインダドイン

늬뎐이뎐
你點一點 (點一點도未來의複式이다)
ニイディンデイン

싱제고완
行、怡光
シンゼゴワン

쯔시、쌰오신
仔細、小心
ツシシヤオシン

센고이자오이온이뎐
先給照塵一點
セイゴイザオイオンイデイン

태안잔재나꽈걔
泰安棧在那懷街 (銜路한가자홀一條라한다)
タイアンザンザイナヤガセ

나마
那麼
ナマ

이럿케(아러면)
(コンナニ、コウスレバ)

번히
(ハツキリニ)

모두
(コトゴトク)

살며시
(ヒソカニ)

하마트면
(ヒヨトシタラバ)

第十八章 「被」動詞用例

난로에께어서 온방안이글는다
(ストウブニアブラレテシツナイカアタタカクナツタ)

여기다가 놓앗든 그 물건이 누재 들어갓니
(ココニオイタシナモノハタレガモツテハイツタカ)

저따 遁壓 ジオマ

밍 明 ミン

떠 都 ドウ

칭칭히 輕輕的 チンチンデイ

차부다뎜 差不多뎜 チヤアドオデイン

매양루뿌찬의 만구디관배 被洋爐子烤的滿屋裡滾熱
ペンルツカオデイマンウウリグンロ

지저힘방의 나가거 동시졍되 나취다 在這兒放的那個東西叫誰拿去了
ザイジオエルバンデイナゴドンシジヤオスイナチウイラ

강가ㅅ집이모다물에쓸려갓소
(カワベニアルイエがゼンブミヅニナガレマシタ)
河沿上的房子都叫水拉去了
ホエンサンデイバンツトウジヤオスイラチアウ

어린애가자전차에치여 굽시다첫소
(テサイドドモガジテンシヤニシカレテ ノイヘンケガサレマシタ)
有個孩子、被脚踢車撞了、受的傷佷重
イウゴハイツペヤオタチオチヨワンランウデイザンヱン

●뭐엇에두도처워가우그러젓소
(ナニニアタツテウエがヒコミマシタカ)
叫甚麽研了個懷緻上頭
ジヤオシヨンマヤンランゴペイイサントウ

●먹신되엿느려
(カタクナツタ不)
有瘆疾了
イウチアンズイラ

●연기에알ㅅ해서목구멍에서기침이나니
(ケムリニケムタカラデノドカラセキがデルカラ)
叫烟喀的嗓子直咳嗽
ジヤオイエンチヤンディザンズイゴリウ

●어서피합시다
(ハヤクサケマセウ)
快躲一躲
コワイドウオイドウオ

●조금트,면개에게옷을잡아당격
(ヒヨツトスレバイヌニキモノヲヒカサレテ)
差不多点叫狗把衣裳
チアブドウ点ジヤオゴウパイサン

●젓질번햇슴니다 (옷을 엇다)
(ヤブレルトウサントウ)
扯破了
チアポウラ

내가아물건에서도약간돈을밋젓소
(ワタクシガコノシナモノニマダイクラカ
シテ)

그에게내가갑작놀라서
(カレニワタクシハビックリサレテ)

한참정신을진정치못햇습니다
(シバラクセイシンヲオサマラナカッタノデス)

我叫這個貨又賠了若干的錢呢
잖쫠저거워꽤따꿰깐뎌쎄늬

叫他嚇我一跳
쟌ᆝ사워기쿠

多歇沒定住神
둬ᅟ헤ᅟ메ᅟ명ᅟ주ᅟ범

第十九章 山東과 北京音의 別

北京音이, 무릇鮮文「가」字줄에 屬한것일진댄 山東音에는 鮮文「자」字로 變하고「자」字줄은
「카」字줄로 化하나니 全篇의 字를 左에서 參考하라

騎 치,기	是 씨,쓰	今 진,긴
誰 쒸,쉐	收 쎠,수	事 쓰,쓰	見 젼,견
書 쮸,슈	拾 쟌,샨	數 쟝,샨	市 쯔,쓰
人 연,인	使 쯔,스	欽 친,킨	街 졔,게
九 쥬,지			

家 쟈,가	城 쳥,셩	銀 쌘,인	陝 쌴,셔	熱 엿,여	殼 지,기	勁 진,긘	和 햐,허	秪 긱,쯔	成 쳥,칭	巧 쟌,갸	角 쌘,캐	起 치,키

肉 연,부	手 셕,수	結 계,계	學 쉐,쉐	氣 지,키	燦 연,인	陰 냔,난	去 처,커	厅 진,긘	攪 잔,갸	應 셩,잉	己 지,긔

稱 쳥,칭	價 쟈,갸	緊 진,긘	綱 쟉,궉	都 둑,두	借 쟉,쟤	警 징,깅	軍 슌,군	繞 앗,삽	磯 지,기	如 낫,쉬	角 쟌,계	旗 치,긔

經 졍,깅	隔 지,긔	營 엉,잉	程 쳥,칭	泥 닉,미	輕 엇,깅	均 슌,융	驗 연,혠	巾 진,긘	金 진,긘	醂 쟉,쟉	短 반,단	託 텐,긔

硬 영, 잉 ｜ 近 진, 긴 ｜ 涉 써, 쎄 ｜ 珍 쩐, 젼
款 장, 깜 ｜ 眞 쩐, 젼 ｜ 假 쨔, 쟈 ｜ 稼 쟈, 갸
晨 천, 친 ｜ 界 쩨, 계 ｜ 存 쭌, 쭨 ｜ 球 쿠, 귀
趁 천, 칀 ｜ 然 란, 쎈 ｜ 江 쟝, 강 ｜ 敎 쟌, 갚
機 지, 거 ｜ 師 시, 쓰 ｜ 署 슈, 쉬 ｜ 祈 자, 긔
船 쩐, 키 ｜ 脚 쟢, 캐 ｜ 次 쳔, 첸 ｜ 架 쟈, 가
審 쌘, 신 ｜ 受 쇼, 수 ｜ 加 쟈, 가

北京音은滿洲語에 代表音이될것이오 山東音은漢語에代表音이다 以下부터 模型임

會話로써記入한다、서로對照應用할것이다。

第二十章 形容詞應用例

저런저전덜수없슴니다
(碓シクテ堪リマセン)

허탄되관부머
禧歎的了不得
ヒハウアンテイリヨデ

한쳐서못견대겠습니다
（ツメタクテタマリマセン）
아파서견대지못하겠습니다
（痛クテタマリマセン）
더워서못견대겠습니다
（暑クテタマリマセン）
클수록좋습니다
（オホキイ程良イデス）
모가질ㅅ록좋습니다
（角ミナル程良イデス）
어찌그터케맛삽닙까
（ドウシテメンナニタカイデスカ）
매우아픕니다
（ヒジヨニイタイデス）
나는겁나지안습니다
（私ハ心配アリマセン）

칩퍼
冷的了不得
ロンテイリヨブデ

아파
痛的了不得
トンデイリヨブデ

여긔라부머
熱的了不得
ヤイティリヨブデ

커따커따한
越大越好
イウオタイウオハ

경량경량한
越方越好
イウオハンイウオハ

짐마나마귀
怎麼那麼貴
ゼンマナマクエ

텅머리해
痛得利害
トンデリイハエ

워부파
我不怕
ウオブパ

이고초는퍽맵습니다　（此ノ唐辛子ハアンマリカライデス）

이약은폐씁니다　（コノ藥ハ國分ニガイデス）

이참외는너무답니다　（コノマックハアンマリアマイデス）

이고기는너무비립니다　（コノサカナハアンマリナイグサイデス）

이초는매우싑니다　（コノ酢ハ大變スッパイデス）

第二十一章　動詞應用例

저저라쟈호라
這個辣椒很辣
ヂャゴラヂョハンラ

저거야오흔쿠
這個藥很苦
ヂャゴヤオヘンクウ

저거샹과흔뗀
這個香瓜很甜
ヂャゴシャンクヮヘンキアン

저거위헌씽
這個魚很腥
ヂャゴイウヘンシイン

저거츠흔쏸
這個醋很酸
ヂャゴツウヘンスワン

놓을수없다　（ハナサレマセン）

믿을수없다　（シンゼラレマセン）

써부더
捨不得
シャブデ

카오부더
靠不得
カオブデ

살수없다
(生キラレマセン)

닿을수없다
(開メラレマセン)

보이지안는다
(ミヘラレマセン)

불수없다
(ミルコトガ出來マセン)

갈본다
(徐勝シマス)

뽑아라
(拔キナサイ)

당신노래할줄아십니까
(アナダウタカウタハレマスカ)

당신나오시오
(アナダオ出クダサイ)

쥐부뢀
活不了
シヨアリヨ

판부됴
關不了
クワンアリヨ

칸부견
看不見
カアンアデヂャン

칸부추매
看不出來
カアンアチュラエ

촤부치
瞧不起
チヤオアチ

바추래
拔出來
バアチュラエ

늬훠창마
你會唱麼
ニイホウエチアンマ

늬추래바
你出來罷
ニイチイウラエバ

一〇五

당신들어오시오
(アナダオハイリクダサイ)

당신아십니까모르심니까
(アナダゴ存ジデスカゴ存ジヂヤアリマセンカ)

알어듣소못알어듣소
(アカリマスカワカリマセンカ)

그럿슴니까안그럿슴니까
(ソウミアリマスカソウヂヤアリマセンカ)

맛소아니맛소
(アフノデスカアハナイノデスカ)

적당하오불적당하오
(チキトウデスカフテキトウデスカ)

뚝똑하오똑똑지안소
(ヘッキリシマスカハッキリシマセンカ)

전해줄시오
(オツダヘシチクダサイ)

너간때바
你還來能
ニイジンヱバ

너지도부지보
你知道不知道
ニイタオブジタオ

뒤머등되
懂得不懂得
ドンドンド

두부뒤부중
對不對
ドウブドウ

시부뒤시
合式不合式
ハオシブハオシ

칭추부칭추
清楚不清楚
チンツウブチンツウ

쌉게워
交給我
オチャオギウオ

第二十二章 初面

잘수없읍니다
(ヤスムコトガデキマセン)

영감의성은무엇이오니까
(アナタノオ姓ハナントモウシマスカ)

당신성이무엇입니까
(アナタノオ姓ハナントモウシマスカ)

나의성은량가올시다
(私ノ姓ハ梁デゴザイマス)

당신존함은무어라하십니까
(アナタノオ名前ハ何トモウシマスカ)

당신일흠이무엇이오
(アナタノ御名前ハ何ト云イマスカ)

당신의이름을무엇이라할니까
(アナタノ名前ヲ何ト云イマスカ)

쉬부챠오
睡不着
スウプチヨ

닌타오귀싱 칭쟈오귀싱
您老貴姓(請敎貴姓)
ニンタオカウエイスイシン、ツインザオキイスイシン

니귀싱 니싱션머
你貴姓(你姓甚麽)
ニイカウエイスイシン、ニイスイオンシン マ

하오숴쥰싱 엔싱량
好說駿姓梁
ハオシオウズイエンスイオンリヤン

닌태부첨마칭
您台甫怎麽稱
ニンタイズオンマチイン

니쟈오션마미얼 칭쟈오태부
你叫甚麽名兒(請敎台甫)
ニイジヤオシンマミンエル、ツインザオタイブ

니의밍쯔쟈오션마
你的名字叫甚麽
ニイデイミンツジヤオシンマ

나의이름은리펑이올시다
（私ノ名前ハ理平ト申シマス）

당신년새가얼마시오
（アナタノオトシハオイクツデスカ）

당신무슨생이시오
（アナタノオ生レハ何時デスカ）

너멫살이냐
（オ前何歳カ）

선생의춘추가얼마십니까
（先生様ノオ年ハオイクツデゴザイマスカ）

금년이삼집일제입니다
（今年三十一歳デゴザイマス）

당신어대계십니까
（アナタドコニヲラレマスカ）

나는경성시내에잇습니다
（私ハ京城市内ニ居リマス）

소요미핑 草家珩平
우즈이리빈

늬뒤다쐬수얼 你多大歳數兒
니이도우타이스우니르

늬지쉬 你幾歳
니이지이쉬이

쎈셩까오쇼 先生高壽
센스온シンカオシウ

진명싼십이쉐 今年三十一歳
ジンキンサンシイシイ

닌쭈쟈나얼 您住在那兒
ニンジュザイナール

워주재징청리 我住在京城裏
ウオジウザイジンチオンリ

一〇八

당신양친시하십닛가　　　　늬의방친다섇메마
（アナタ両親ガイラッシヤイマスカ）　　你的雙親都在麼
녜、량친이계섭니다　　　　（ニデイシアンチンタオザイマ）
（ハイリヨウシンガヲラレマス）
노형장가가첫소　　　　　　녜후모뒤잔
（アナタ奥様ヲ迎ヘマシタカ）　　是父母都在
나는안해가있습니다　　　　（シイフモツオザイ）
（私ハ妻ガオリマス）
당신몇형제올시오　　　　　늬취식부라메뷰
（アナタ幾兄弟デスカ）　　你娶媳嫁了沒有
나는삼형제올시다　　　　　（ニイチウスイフラメユウ）
（私ハ三兄弟デゴザイマス）
자제는몇이나두셋습닛가　　워유식부
（ワカサマハ御イクニンデスカ）　　我有媳婦
아즉아이는없습니다　　　　（ウオユウスイフ）
（未ダ子供ハ居リマセン）

늬유기거듸슝
你有幾個弟兄
（ニイユウキガエデイスイン）

워스디인순산개
我是弟兄三個
（ウオスイデインウンサンガエ）

늬유샤해유
有小孩沒有
（ユリサナハイメユウ）

와쑈해유유
還沒有小孩
（ハンメユウザシハイ）

第二十三章　料理

성함은실즉부터포문햇슴니다
（オナマヘハマヘカラウケタマハツテ居リマシタ）
존함
久仰高名
ギウアンカオミン

영감무엇을잡수시겟슴니까
（アナタニヲオアガリニナリマスカ）
뭘에 알리섬마
老爺, 要吃甚麼
ラオヤヱヤオチユイシンマ

흰쌀죽무그릇을주오
（白米ノオカユフニサラオネガヒシマス）
개위랑완친매시반
給我兩碗京米稀飯
キニウオリヤンワンチンメヒパン

●

뭘서말햇슴니다또무엇업니까
（モハヤオハナシマシタマタナンデゴザイマスカ）
이징펀부랴해얄섬마
己經吩咐了還要甚麼
イヂンフンフラハイヤオシンマ

우리는술을먹을줄모르오
（ワレラハオサケヲノノマレマセン）
워먼부회허쥬
我們不會喝酒
ウオメンブホイハジウ

●●

자네악념평가저오게
（キミアジツケヲモツテキナサイ）
니나거치싱짢관래
你拿個七星鱸來
ニナゴチシンルカンライ

전복탕한그릇또가저오너라
（鮑魚湯一ツヨモツテキナサイ）
해래이완빤탕
還來一碗鮑魚湯
ハイライワンパオユイタン

해삼탕두그릇、초삼선세그릇
(海蔘湯二ツ、焦三仙三ツ)
兩碗湯蔘湯三碗焦三仙
リヤンワンタンシエンタンサンワンチヤオサンシエン

도미탕하나닭보기하나만두세그릇
(タヒサワ一ッヤキ二ワトリ一ッマンジウ三ッ)
一大碗大頭魚湯一碗紅燒鷄三碗餃子
イワンタアトオイユイタンイワンホンシヤオチイサンワンヂヤオヅ

넉넉하다
(モウ結構タ)
夠了
ゴウラ

다먹었다 제산해라
(ミンナスンダイクラカ)
吃得了算賬罷
チイデラサンヂヤンパ

殺了
ズラ

第二十四章　路　査(旅行)

당신어데를가시오
(アナタドコヘイキマスカ)
你上那兒去
ニイシヤンナエルチイ

나는 텬진을 갑니다
(ワタクシハ天津ニイキマス)
我上天津去了
ウオサンテンチンチイラ

당신무슨일로가심닛가
(アナタハドンナヨウデイキマスカ)
你幹甚麽去
ニイカンシンマチイ

나는친구를보리갑니다
(ヮタクシハ友達ヲ見ニユキマス)

누구와같이가십니까
(ダレトイッショニユキマスカ)

나혼자갑니다
(私ヒトリデユキマス)

당신키부가시렵니까
(アナタハ汽車デイッモリデスカ)

아니오마차로갑니다
(イイエ馬車デユキマス)

내생각에는마차가빠르지못할듯하오
(私ノ考ヘデハ馬車ハ早クナイヨウデス)

그러면당신자동차하나부르시오
(ソレデヤアナタドウシヤヒツヲンデ下サイ)

정거장까지얼마나달다오
(停車場マデイクラデスカ)

워한뼝유처
我看朋友去
ウォカンパンイウチイ

허쉬이패얼처늬
和誰一塊兒去呢
ホスイイクワイエルチュイ⊙

콩워이거인취
光我一個人去
クワンウォイゴインチュイ

니야오즈아마차취이마
你要坐馬車去麼
ニイヤオズアマチアチュイマ

부시워쭤마차취
不是我坐馬車去
プシイウォズオマチアチュイ

워샹마처부쾌당
我想馬車不快當
ウオシャンマチアプクワイタン

나마늬잘때이그쯔똥처
那麽你叫來一個自動車
ナマニイザオライイキュツトンチャ

또어허처잔양요뚜얼쳰
到火車站要多兒錢
タオヒウチェザンヤオトェルチェン

오십전줍시오
(五十錢デゴザイマス)

그리시오좀빨리갑시다
(ソウアゲヨチョットハヤクユキマセウネ)

다왔습니다
(参リマシタ)

第二十五章 買 (매) 東西 (동시)

게오 만쳰바
給五毛錢罷
キオマネチェンバ

싱바 콰이뗸 알 바
行龍快一點兒罷
シンパクワイイテンエルバ

따오 라 따오 라
到了到了
タオラタオラ

뉘야오 메셤마동시
你要買甚麽東西
ニイヤオメシンマトンシ
(アナタハ何ノ品物ヲオ買ヒニナリマスカ)
당신무슨물건을사시렵니까

워야오 매 쌍양와쓰
我要買雙洋襪子
ウオヤオメサンヤンワズ
(私ハ靴下ヲ買フ積リデス)
나는양말을사려합니다

유 쩌거 전마양
有這個怎麽樣
ユージァゴズンマヤン
(ゴザイマスコレハ如何デスカ)
잇습니다이거어떻습닛가

쩌거 부하 매뼤 더 마
這個不好沒有別的麽
ジァゴブハオメィユゥベデイマ
(此レハヨクナイデス外ノモノハアリマセンカ)
이것좋지못하오다른것없소

또잇슴니다가다립시오
(マタアリマスオマチ下サイ)

이것은매단히좋음니다
(コレハ大變ヨイモノデス)

그거얼맘니까
(ソレイクラシマスカ)

일원이십전입니다
(一圓二十錢デゴザイマス)

이것이오십전이오우수리를주시오
(コレガ五十圓デアリマスガオツリヲネガヒシマス)

第二十六章　問病

누구시오어서드러오시오
(ドナタデスカドウゾオハイリナサイ)

주인장래에게심니까
(病主人殿才宅ニイラッシヤイマスカ)

부, 명이 명마
有、等一等能
ユーデオンイデオンパ

저의 흔밧의
這是很好的
ジアスィハンハオディ

나거뒈 쇄쇄
那個多少錢
ナゴデオサオチエン

이제 보면헤
一塊二毛錢
イクワイエルマオチヤン

저거 오반건제뭐 링쉐
這個五毛錢給我零錢龍
ジアブマオチェンクウェリンチェンル

장퀘의제자님마
掌櫃的在家兒麼
ジアンクイデイジヤズルマ

쉬야, 칭진래
誰呀, 請進來
スイヤチンジンライ

오래간만이올시다
(久シブリデスネ)

괴차없습니다
(何ノ御テデゴザイマス)

어서올라옵시오
(ドウゾ御上リ下サイ)

고맙습니다
(アリガトウゴザイマス)

병환이엇더합니까
(御病氣ハ如何デスカ)

아즉낫지안습니다
(マダナホリマセン)

무슨병이십니까
(ドンナ病氣デゴザイマスカ)

아마감긴듯합니다
(ドウモカゼヲヒイタヨウデ)

쥬위쥬위
久遠久遠
ジウウイジウウイ

베츠베츠
彼此彼此
ベチベチ

칭닌샹캉
請您上炕
チンニンシヤンカン

쎄쎄
謝謝
(セエセエ)

귀양점마양
貴恙怎麽様
キヤンジアンマヤン

해매한
還沒好
ハイメハオ

섬마빙
甚麼病
シンマビン

워샹챵량다
我想着凉了
ウオシヤンザオリヤンラ

온몸이 쑤시고 또는 열이 납니다
(ゼンシンガイタイシマタ熱ガ出マス)

또 한기도 잇습니까
(マタ惡寒モアリマス)

그럿습니다
(ソウデス)

안먹엇습니다
(ノミマセンデシタ)

당신웨약잡수시기를마다시오
(アナタオクスリヲノマナカツタノデスカ)

당신약잡숫지안헛습니까
(アナタオクスリヲオノマナカツタノデスカ)

나는약먹기를실허합니다
(私ハクスリノムノガイヤニナルノデス)

●●
내가의사를한사람데려오겟습니다
(私ガ醫師ヲヒトリツレテ來マス)

渾身酸痛遠是發燒
フンセンサントンハンスイパシヤオ

也有寒疾信
イエユハンじユ

對了
トイラ

沒吃
メチユイ

你吃藥了沒有
ニイチユイヤオラメイウ

你怎麼不吃
ニイズンマブチユイ

我不願意吃藥
ウオブエインイヤオ

我請一位大夫來
ウオチンイウイタアブライ

대단히송스럽습니다
（ドウモオンレイリマシタ）

열병、기침、폐병、토사
（熱病、セキ、ハイビョウ、トシャ）

체증、답답증、리질、매독
（イビョウ、[懣扯]、セキリ、バイトク）

第二十七章　問　路

당신에게물어볼말이있습니다
（アナタニチョット御尋ネイタシマス）

신경을어떻게갑니까
（新京行ハドチラデゴザイマスカ）

남모릅니다저이게물어볼지오
（ワタクシハ分リマセンアノ人ニオ尋ネ下サイ）

이길은어대로가는길입니까
（此ノ道ハドコニユクミチデスカ）

부깐땅　不敢當

여빙, 커우, 페빙, 새무리
熱病、咳嗽、肺病、瀉吐病
（イビン、コウソウ、フエビン、セトウビン）

웨빙, 야신, 리키, 양매창
胃病、亞心、痢疾、楊梅瘡
（ウオビン、ヤオシン、リジ、ヤンメイシャン）

워까오수니　我告訴你
（ウオカオスウニ）

샹신징스나마쩌우　上新京是那麼走
（シャンシンジンスイナマゼウ）

워부지따원타바　我不知道問他罷
（ウオプジタオウンタパ）

저거따오샹나얼취디따오　這個道上那兒去的道
（ジアゴタオシャンナエルチュイデイタオ）

봉텬으로 가는것입니다
（奉天ニ到ルノデアリマス）

강을건너 계됩니까
（川ツワタルヨウニナリマスカ）

강을건너지 안습니다
（川ハワタラナイノデス）

여기서 얼마나됩니까
（コチカラトレホドトホイデスカ）

그리 멀지는 안습니다
（サホドトホクアリマセン）

대단히 고맙습니다
（大ピンアリガトウゴザイマス）

第二十八章　學生談

당신어느학교에다니시오
（アナタドコノ學校ニ通ツテ居リマスカ）

보병뎐　到奉天　タオフヲンテン

궈장마　過江麼　クェジャンマ

부과강　不過江　ブ、ゴヱジャン

리져얼둬웬　離這兒多遠　リジアエルトアウエン

부흔웬　不很遠　ブ、ヘン、ウェン

셰셰닌랑　謝謝您老　シャシャエンラオ

니샹나거슈에탕니　你上那個學堂呢　ニシアンナゴスエタンニイ

사관학교입니다
(士官學校デス)

몇시에상학하고 몇시하학입니까
(何時ニハジマツテ何時ニ終ルノデスカ)

오전구시시작하고 오후네시까집니다
(ゴゼンクジニハジメテゴゴヨジニハオワルノデス カ)

교사는 몇분입니까
(先生ハ何人居リマスカ)

모다여덜분임니다
(ミナデハチニンホド居リマスカ)

과목우몇가지나 잇습니까
(クワモクハナニナニデスカ)

브병과, 산조과, 기병과
(步兵科, 山砲科, 騎兵科)

또는 지리학과 천문학
(又ハ地理學天文學)

강우당
講武堂
ジヤンウタン

지뎬중개 자뎬중산나
幾點鐘開, 幾點鐘散呢
ジデンジウンキジデンジウンサンニイ

좌치주뎬중개 싸우뎬중산나
早起九點鐘開, 下午四點鐘散了
ザオチウデンジウンキサウスデンジウンサンリ ヤオ

잡식 여지뒤
教習是幾位
ジヤオスイシジウイ

둥궁바위쟌식
同共八位教習
トングンバウイジヤオスイ

궁커유지양
功課有幾樣
グンクワイウジヤン

부빙커산과콰커치빙커
步兵科山砲科騎兵科
ブピンクエサンパオクエチピンクエ

해쉬듸리쓰엔텐원학
還是地理學天文學
ハイスイデイリサオテンウエンサオ

一一九

第二十九章 裁判

여러가지가 잇습니다
（イロ／＼アリマス）
有好幾樣的
イウヘオジヤンデイ

북평시에는무슨학교가잇습니까
（北平市ニハ何ント云フ學校ガアリマスカ）
北平裏有甚麼學堂
ベピンリイウサンマスイタン

법정학교와의학교입니다
法律學校ト醫學校デアリマス
法廷學堂、醫學堂
ペデインスイタンイスイタン

우리는지금재판할작정이오
（ワレラハ今ウツタヘルツモリデス）
我們現在要打官司
ウオムンセンザイヤオダクワンス

잘화해를하심이엇덧습닛가
（ウカオ和解スルノガイカガデスカ）
好好兒說開、怎麼樣
ハオハヱルスイカイゼンマヤン

그는맘보가틀렷습니다인봅니다
（ソノヒト八根性ガワルイカラユルサレマセン）
他壞了不良的心腸
ダフエラブリヤンデイシンジヤジ

우리는불가불재판을해야겟슴니다
（ワレラハゼヒトモ裁判ヲシナケレバナリマセン）
我們不能不打官司
ウオムンブノンブダクワンス

이서방의사건은아주관결이아니낫
소
(李様ノ事件ハマダ判決ガアリマセンカ)

그사건은 벌서 관결이 낫습니다
(ソノ事件ハモウハンケツサレマシタ)

어제밤에 댁에 도적이드러왓습니까
(昨夜御宅ニ盗難事件ガアツタデスカ)

그릿습니다
(ソウデス)

요즘 각처에서 재물과 생명을해하는 일이 많은 모양입니다
(此頃谷地デ財産ト生命ヲ害セラレル事件ガ多イヤウデス)

그것은 관청에서 단속을잘하지안는 까닭입니다
(ソレハ官廳カラ取締ヲ嚴密ニシナイワケデス)

성리의 스칭해에 관해마 타듸 스이 징펑커라
處李的事情逈沒判決歷麼
スインリデイスチンハンメパンクエマ

부췌
不錯

타의 스이 징펑커라 처엄 완상의 뉘여먀 캐라마
他的事情己經定妥了
タデイスイジンダインチヨエラ

쭈오 엘 완산 니 문 자리 이지에 라마
昨兒晚上你們家裡來賊了麼
ズウオエルワンサンニムンザリヲライジエラ

쳔재꺼 추 얼우 단체해밍의 스 훈 뚸
現在各處兒有團財害命的事很多
ハンザイカチウエルイウダオチアイハイミンダイスヱンツヲ

나거 거 관부 부학, 연부 진의 옌구
那個是官府不好, 認不眞的緣故
ナゴスイクワンフハオイエンブジンデイエンク

第三十章 問 職 業

성안사람들은무슨생활을합니까
(城内ノヒトドラハ如何ナル生活ヲシテ居リマスカ)

그것은가지각색이지오
(ソレハイロイロデアリマス)

목수、석수장이、철공
(ダイク、イシヤ、カヂヤ)

이발사、사진사、세탁인
(トコヤ、シヤシンヤ、センタクヤ)

도수장、화가、농민、판리
(屠獸者、畫家、農民、官吏)

중、짐장이、안내자
(和尙、ウラナヒシヤ、アンナイシヤ)

城裏的人大概是做甚麽生意
チオンリデイインタガイスイジオシンマイデイ

那是各子各樣的
ナスイキエスキエヤンデイ

木匠、石匠、鐵匠
ムザン、スイザン、ティザン

剃頭的、照像的、洗衣裳的
ティデウデイザオシヤンデイシイヤンデイ

屠戶、畫工、做莊稼的、做官的
ダオフワクンズエザンジアデイズユクワンデイ

和尙、算命的、帶道的
ハサンサン、ミンデイ、ダイダオデイ

第三十一章 年 賀
년 허

한해안녕하셧니까
(明ケマシテオメデトウゴザイマス)

같이 기쁩니다
(オ互樣デ御目出度ゴザイマス)

부자가 되섯다니 고맙습니다
(オカネヲモチニナツタソウデスネアリガトウゴザイマス)

당신에게 전할 말슴 올님니다
(アナタノタメニ オ吉ワイノリマス)

재때 모두 무사하셧습니까
(ネンマワリハ御スミマシタカ)

거전 모두 다 햇습니다
(大方スミマシタ)

당신 김선생 보섯습니까
(アナタキンセンセイ御例イマシタカ)

그가 어제 연하장을 보냇더라
(カレガキノウ年賀状ヲ送ツテキマシタ)

新喜新喜
シンシンシ
공시 공시
同喜同喜
トンシトンシ
공시 발재야
恭喜發財呀
ダンシパチアイヤ
제헌지연
借您吉言
ジオイエインジイエン
년두배완료
年都拜完了
ネンドウパイワンラ
차부뒤 배완라마
差不多都拜完了麽
チアブドウパイワンラマ
님한 점진생만 셔마
您看見金先生麽
ニインカンゼンジンセンソンマ
타작편 년첩래료
他昨天迭拜年帖來了
タジオチエンソンパイネンチイライラ

第三十二章 迎送

절에 잘지내셧습니까
(カンジツニオモシロクオスゴシマシタカ)
你年下好啊
ニイネンシヤヘオア

대인의덕택으로잘지냇습니다
(アナタノオカゲサマデオモシロクスゴシマシタ)
뭐따권반
托大人福
トウオダレンア

차따러라
(オチヤツケナサイ)
따차
倒茶
ダオチヤ

대인평안히계십시오
(チヨウナラ)
따렌칭삔
大人請便
ダレンチンベン

누구냐
(ダレダ)
쒜야
誰呀
スイヤ

타요
(ワタクシデス)
워야
我呀
ウオヤ

오섯소
(オイデナサイマシタカ)
닌래라
您來了
ニンライラ

도라오셨읍니까
（オカヘリナリマシタカ）

드러와앉으시오
（オハイリナサイ）

나는드러가안지않겠슴니다
（ワタクシハハイリタクアリマセン）

어쩨서가끔가시오
（ドウシテスグオカヘリナリマスカ）

당신매우바쁘십니다그려
（アナタズイアンオイソガシイデスネ）

네갑니다
（コレデンツレイイタシマス）

나오지답시오
（マー御山デニナサラナイデ下サイ）

어서가십시오
（ドーモオ御殿リ下サイ）

넌췌매라
您回來了
ニインフオイライラ

리벤쩨야
裹邊坐呀
リベンヅウオヤ

워부쩌저라
我不坐着了
ウオブヅオジオラ

쩜마매라쩌쩌
怎麽來了就走
ソンマライラジウゾウ

닌헌망아
您很忙啊
ニインホンマンア

쒸워쩌
是我走
スイウォゾウ

부쏭・부쏭
不送不送
ブスンブスン

칭쩌우칭쩌우
請走請走
チンゾウチンゾウ

第三十三章　喫飯時 (끽반때)

칭례칭례　請回請回　ナンフオイチンフオイ
예젠예젠　再見再見　ザイゼンザイゼン
제젠닌나　再見您哪　ザイゼンニンナ

드러가시오
（オハイリナサイ）
또만남시다
（マタオメニカカリマセウ）
또뵘겟습니다
（マタオメニカカリマス）

밥자시구려
（ゴハンオアガリナサイ）　吃飯哪　チイハンナ
떨서벌것습니다
（コウスミマシタ）　早過了　ザオグオラ
술좀잡수시렵니까
（オサケチヨットオノミニナリマスカ）　喝點酒龍　ホデインジウバ
난먹지안습니다
（ワタクシハノメマセン）　我不喝　ウオプハ

혼자먹읍니다
（ヒトリデタベマス）

잡수서요
（オアガリナサイ）

너가서밥먹어라
（キミイッテゴハンオアガリ）

나혼자먹으마
（ボクヒトリデノモウ）

담배 픱시오
（タバコヲ御スイナサイ）

난막 괴였읍니다
（ワタクシハイマスンダ處デス）

석양잣다가선생께드려라
（マッチヲモッテセンセイニアゲナサイ）

헌년희야
偏您吃呀
ペンニンチイヤ

본칭칙야
您請吃呀
ニンチンチイヤ

늬츠쳐허
你去吃飯
ニイチウイチイパン

워쯔지허
我直已喝（茶물먹는다는말）
ウオッジハ

워라앤
您繞抽了
ウオアイチョウラ

닌챠오우라
您抽烟
ニインチオウイエン

나양훠게쎈썽
拿洋火給先生
ナヤンフォゲイセンソン

第三十四章　途遇

어더를가십니까
(ドコヘ〔御出〕デニナリマスカ)
동문거리에볼갑니다
(東大門ノカエユキマス)
무슨일이있어서요
(ドウイウコトガアリマシタカ)
은행에일이좀있습니다
(ギンコウニチョットヨウガアリマス)
어떤은행입니까
(ドノギンコウデスカ)
조선은행입니다
(チョウセンギンコウデス)
언제도라오시오
(イツオカ〔ヨ〕ニナリマスカ)

나볼터가나
那兒去然哪
ナエルチウイニイナ
워샹둥제취
我上東街去
ウオサンドンゼイチウ
유섬마사야
有甚麼事呀
イウシンマスイヤ
은항리유덴스이
銀行裏有點郡
インハンリユウデインスイ
섬마인항아
甚麼銀行啊
シンマインハンア
시차오센인항
是朝鮮銀行
スイチアオセンインハン
지스이후이라이야
幾時回來呀
ジスイフオイライヤ

조금있으면곧오겟슴니다
（シバラクシマストスグカヘリマス）

어서가십시오
（ハヤク行ッテ下サイ）

잇다뵈옵게숩니다
（アトデオメニカカリマス）

네잇다가만납시다
（ハイアトデオアイイタシマセウ）

第三十五章　新 報

무엇보섯심니까
（ナニヲオヨミニナリマスカ）

신문봅니다
（シンブンヲヨンデイマス）

무슨소문이잇슴니까
（ドンナニュスガアリマスカ）

어찌얼쩌매 一會見就來
イフォイエルジウライ

년칭쩌바 您請走罷
ニインチンゾウバ

훼터쩐너이 回頭見您哪
フォイトウゼイン ニインナ

씨훼이토쩐 是回頭見
スイフォイトウゼイン

칸섬마나 看甚麼哪
カンソンマナ

칸빠나 看報哪
カンパオナ

유섬마신원마 有甚麽新聞麽
イウソンマシンウオンマ

一三九

아무말도없습니다
(ナニモアリマセン)

내가신문하나를보고자하나
(ワタクシガシンブンヲヒトツミタイノデスガ)

어느것이좋은지모르겠습니다
(ドレガヨイカワカリマセン)

제일좋은것은그만못합니다
(イチバンヨイモノハトウアニッポウデス)

다른것은그만못합니다
(ホカノモノハミナソレニ及ビマセン)

자실내는것이어떠합니까
(詳實問仍ノ報道ハイカガデスカ)

모든사건을매우빨리냅니다
(色色ノ事件ヲスバヤクテバヤクダシマス)

잡지는요
(ザツシ二イ)

甚麼說兒也沒有
ソンマスエルイェメイウ

我要看一份報
ウオヤオカンイポンパオ

不知是那個好
プジイズナゴハウ

頂好是東亞日報
ドインハオスイドンアリパオ

別的都還不上他
ペイディウホアンプサンタ

事情報的怎麼樣
スイチジパオディゾンマヤン

所有的事報的很快
ズオイウデイスイパオデイホンクアイ

雜誌呢
ザズイニイ

삼천리지요
（サンセンリデス）

주필은누구요
（主筆ハ誰デスカ）

김과인이라합듸다
（金巴人ダソウデス）

한달에몇권이납닛가
（月ニ何回發行シマスカ）

일년에열두권입니다
（一年ニ十二冊デス）

한권에얼맙니까
（一册ニナンボシマスカ）

우세까지한권에삼십전입니다
（郵稅マデ一册ニ付三十錢デス）

발행소가어디있는지
（發行所ハドコニアルカナ）

작와센쳔리
就是三千里
ジウスイサンチエンリ

주뻐쒸쉐이
主筆是誰
ジウピスイスオ

쒸오스진빠렌
說是金巴人
スオスイジンバレン

이거왜추지뻔
一個月出幾本
イゴユオイチウジボン

이녠스얼뻔
一年十二本
イネインスイエルボン

뚜알쳰이뻔
多兒錢一本
ドオルチエンイボン

렌다이베이산지야오쳰이뻔
連帶費三角錢一本
レンダイベイサンジヤオチエンイボン

빠오꽌짜이날
報舘在那兒
パオグワンザイナエル

［七三］

第三十六章　合同（계약）

당신 아십니까
（アナタオワカリデスカ）

경성에서 팝니다
（京城ニテ賣リマス）

인제야 도라오시오
（스ナクテオモトリニナリマスカ）

네 인제야 도라오옵니다
（ハイイマモトリマシタ）

일이 되얏습닛가
（ヨウジ（無事ニスミマシタカ））

아직 다 되지 못하얏습니다
（マダ濟ッテ居リマセン）

잘 되짓 못되짓소
（ヨクユクヤウデスカユカナイヤウデスカ）

뉘리보마
您知道麽
ニンズイダオマ

역징청리매
在京城裏賣
ザイジンチオンリマイ

닌회라마
您總回來吗
ニンツイフオイライヤ

싀칭싱라마
事情行了麽
スイチンシンラマ

해매뭐니
還沒安呢
ハイメオニイ

녕힝부녕힝
能行不能行
ネンシンブネンシン

잘됨듯합니다
（ウマクユクヤウデス）

언제기한이요
（期間ハ何時マデデスカ）

한달반입니다
（一個月半デス）

계약을햇소아니햇소
（契約ハ濟ミマシタカマダデスカ）

계약은하고
（契約ハシテ）

그가아직도장은치지안엇슴니다
（カレハマダインバンヲオシテキナイノデス）

보증금이있을터이지오
（保證金ガカカルデショウ）

네보증금을내게됩니다
（ハイホショキンヲハラフヤウニナリマス）

許能行
スイノンシン

幾時的期
ジスイデイチ
個半月
ゴバンユイ

立了合同了沒有
リウホトンメイウ

合同是立了
ホトンスイリラ

他還沒打圖書
タハイメダトウスウ

該有押金罷
ゴイウヤジンペ

是、得拿押金
スイデイナジン

어떻게 작정한것이오
（アナニケッテイシタノデスカ）
삼월에 계약금으로 정했읍니다
（三七契約デケッテイシマシタ）
삼월계약 이란 어떻게하는거요
（三七契約トハ如何ニスルモノデスカ）
돈우효에 백에 삼할을 내는 것입니다
（額百ニ對シテマヅ三割ヲ拂フノデス）

怎麼定規的
ゼンマテイングオイデイ
按三七定押的
アンサンチデインヤデイ
三七是怎麼個規矩呢
サンチスイゾンマゴグオイジユイニイ
按聲銀撤兌先拿三成的
アンジオチエンスウエルセンナサンチオ

第三十八章 天氣

비가 옵니까
（アメガフリマスカ）
비방울이 몇읍니다
（アマダレガシタタルノデス）
우산 가젓읍니까
（カサヅモチマシタカ）

下雨麼
シヤユイマ
雨打籤兒了
ユイダデイエルラ
你帶着傘了麼
ニダイゾンラ

나― 우산을 가지지 안햇읍니다
（ワタクシハカサヲモッテ居リマセン）

빨리갑시다
（ハヤクイキマシヨウ）

개이거든가시오
（ハレタライキナサイ）

어느편바람이부느냐
（ドノホウノカゼガフクノデスカ）

서풍으므로돌처젓슴니다
（西ヨリフイテ居リマス）

길이다니기좃으냐
（ミチハアルキヨイカネ）

댄랑질어서아주다니가어렵슴니다
（グシヤ〱ドロダラケニナッテアルキニクイノデス）

나의진설을고내여라
（ボクノアマグヅヲ出シナサイ）

웨 몌 먹저
我沒帶着
ウオメダイ

간 쾌 뛰 바
足快走罷
ガンコワイゾウバ

명 칭 라 쩨 뛰 바
等晴了再走能
ドンチンラザイゾウバ

과 나 변 뻥 늬
隨那邊風呢
ゴアナベンボンニ

짜 오 시 쩬 랴
掉了西風了
ヂヤオラシヱンラ

보 열 쌉 쩟 마
道兒好走麽
ダオエルハオゾウマ

짐 시 낭 뛩 부 할 저
浮稀淳頂不好走
ジンシンデインアホアゾウ

빡 워 듸 위 챔 나 주 래
把我的雨轉傘出來
バウホヅヰユイセイナチウライ

一三五

第三十八章　春　夏

당신출입하시려면
(アナタオ出掛ケニナルニ八)

차타서야합니다
(クルマニノラナケレバナリマセン)

오늘일기가좋습니다
(キョウハヨイテンキデス)

내죵은날입니다
(ハイヨイテンキデス)

요새이틀은아주따뜻합니다
(コノゴロノフツカカンハマルデアタタカイデス)

배꽃이거진피게되겟습니다
(バイハナガホトンドサクヤウニナリマシタ)

우리하로산보갑시다
(ワレラ一日散步ニイキマショウ)

您양주면您要出門
ニインヤオチウメン

때해처부싱아
非坐車不行啊
ベイズオチオブシン ア

진얼텐치핫
今兒天氣好
ジンエルテインチハオ

쓱핫텐라
是好天了
スイハオテインラ

져얼텐띵완허
逼爾天頂暖和
ジオリヤンデインノアン ホ

스화콰이하이랴
是花快好開了
スイホアクアイハオカイリヤオ

쟈먼틸따이텐쳬
偕們適達一天去
ザモンシウダイテインチウイ

다음고 일쯤이어떻습니까
(次ノ日曜日頃ガドウデスカ)
좋습니다더늦으면꽃이지기쉽습니다
(イイデスモウチョットオソクナレバハナガチッテシマヒマス)
날이덥습니다그려
(キョウハアツイデスネ)
녜참덥슴니다
(ハイホントニアツイデス)
날이너무가물지안슴니까
(ヒガアンマリヒデリシマスネ)
그럿슴니다몹시가무는데요
(ソウデス未非常ニヒデリマス)

第三十九章　秋_츄　冬_동

아침저녁이대단히참니다
(アサバンガ大變スズシイデス)

간싸리베한부쿠
還下禮拜好不好
ガンシャリパイハオブハオ
할여완라화한쎄라
好再晩了花好謝了
ハオザイワンラホアハオセラ
맨여야
天熱呀
テインリオヤ
씨젼리오
是眞熱
スイゾンリオ
땐태깐부씨야
天太乾不是呀
テインタイガンブスイヤ
씨아한듸리해
是啊旱的利害
スイアハンディリハイ

쌔완넌량의헌
早晚見凉的很
ザオワンエルリヤンディホン

아마저녁에서리가있겠는걸요
（タブンバンガタニハシモガアルラシイデスネ）

서리가와도무섭지안슴니다
（シモガフッテモコハクハナイデス）

곡식이아주다익엇으니까
（コクモツガモウミノリマシタカラ）

금년에,멋할농사나됨닛가
（今年ニ幾ノ收穫豫想ニナリマスカ）

어쨋든풍년으로쳅니다
（トウシマンデモホウネントオモフノデス）

한팔구할이나됨넛가
（オヨソ八九分ニナルカラ）

춥슴니다그려
（サムイデスネ）

네춥슴니다
（イサムイデス）

恐怕晩上有霜罷
クンパツサンイウシウアンパ

下霜也不怕
シャシアエプパ

莊稼都熟好呢
ジンネイウジチオンネインツンア

今年有幾成年景啊
ジンネイウジチオンネインツンア

總算是好年頭
ジウンアンスイハオネイントウ

約有八九成
ゴウゴバジウチオン

冷啊
ロンア

是冷啊
スイロンア

第四十章 買(매) 書籍(셔젹)

방안이 매우 따뜻합니다
(コノヘヤノナカハ大變ヌクイデス)

안겨울에 무슨 돈석탄이 나과 십니까
(冬ノ間ニ幾噸ノ石炭ヲツカフノデスカ)

난로하나에두돈석탄도부족입니다
(ストウプヒトツニ二噸ノ石炭モタラナイデス)

새로나온 좋은 책이 있습니까
(アタラシクデタヨイホンガゴザイマスカ)

있습니다 다신서가 많이 왔습니다
(ゴザイマス 新着書ガ澤山キマシタ)

이것이 무슨 책입니까
(コレガナント云フホンデスカ)

그것은경제학입니다
(ソレハ經濟學デゴザイマス)

저우리헌너러 遣屋裏很煖和
ジオウリホンノアンカ

이몽텬쇼지문여뇌 一冬天燒幾頓煤呢
イドウテインシャオジドンメイニイ

이저노쇼랑돈메야부거우 一個爐子兩頓煤也不够
イゴルツリヤンドウンメイエプゴウ

유신따오디하오슈메이우 有新到的好書沒有
イウシンダオディハオスウメイウ

유신슈라이디도라 有新書來的多了
イウシンスウライディドオラ

지스션마아 這是甚麼書啊
ジオスイシマシュア

나쉬리뷔슈아 那是理財書啊
ナスイリデイシュア

第四十一章 買書畵매셔화

그것을한갑빼여내시오
（ソレヲイツサツヌキダシテクダサイ）
把他抽出一套來
ベタチョウチウイタオライ

한책에얼마반슙니까
（イツサツニイクラデスカ）
一部賈多兄錢
イブマイドウオエルチユン

신서가비쌉니다
（新版ダカラタカイデス）
新書費呀
シンスウヒイヤ

한책에십오원입니다
（一册十五圓デゴザイマス）
十五元錢一部
スイウユヱンイブ

척독은어떤종류가좋습니까
（尺牘ハ何ノ種類ガヨイノデスカ）
尺牘是那一種的好呢
チイドウスイナイジユンテイハオニイ

팔현수찰이괜찮습니다
（八賢ノ手札ガヨイデス）
八賢手札不錯
ベエシヱンシユザブツオ

책목록이있으면한권줍시오
（本ノ月錄ガアツタラ一册ネガヒマス）
有着單子給我一本
イウチヤクダンツゴイウオイベン

一四〇

아 그림얼마입니까
(ヨノエハイクラデスカ)

한장에 일원 오십전입니다
(イチマイニッキ一圓五十錢デス)

팔십전어떻습니까
(八十錢デイカガデスカ)

어디그렇게많은의누미가있습니까
(ドウシテンナニオオカケネハンテキマセン)

달라는값이너무만습니다
(要次スル値設ガアマリ高イデス)

당신자시려면얼마더냅시오
(アナタオカヒマスナラバイタラカ餘計ヲ出シ下サイ)

못됩니다
(ナキマセン)

값을내가한곳밭으시라했습니다
(值設ヘワタクシガ送以싢シコトヒマレタ)

這張畵多見錢
ジオザンホアドオエルチエン

一張一塊半錢
イザンイコアイバンチエン

八角錢行不行
ベジヤオチエンシンブシン

你要的價錢太大
ニイヤオデイチヤチエンタイタ

您要買再添多少能
エインヤオマイヂイチインドサオネ

那有那麼些謊價呢
ナイウナマセホアンジヤニイ

不行
ブシン

價錢我遞到底了
ジヤチエンウオデイタオデイラ

一四一

第四十二章 買菓子 매과자

미엔펄 띠엔신바
買點兒點心罷
(ティエンエルデンシンバ)

넌얘 짬 마뗴 신
您要些麽點心
(インヤオシェマデインシン)

야오 치엔 콰이 위에 삥 얼 진 쉬에 까오
要錢塊月餅二斤雪糕
(ヤホジュアイユゥエイビンエルジンスォガオ)

지딴 퍄오 닌용 부 자오 아
鷄蛋漂您用不着啊
(ジダンプォオニンユンプザオア)

용부자오
用不着
(ユンブザオ)

유 깐 핑 꾸 커이 까오 이 허
有乾萍菇給一盒
(イウガンービンクウカオイゴ)

第四十二章 買菓子

과자좀삽시다
(オカシヲウッテ下サイ)

당신무슨과자를달라심니까
(アナタドンナオカシガ入リマスカ)

몇개월떡과두그설당을줄시오
(月餠少シト砂糖二斤ヲ下サイ)

지단가오는아니쓰심니까
(鷄卵餠ヘ入リマセンカ)

아니쓰겠습니다
(ヘリマセン)

건포도가있으면한갑줍시오
(乾葡萄ガアレバヒトハコ下サイ)

그럿치오가저갑시오
(ソウイタシマセウモッテイキナサイ)

하오마이꼬이니바
好買給你罷
(ハオマイゴイニバ)

一四二

여럿분을 모 드써 오리까
（コレラ全部ヲ一緒ニツツンデアゲマショウカ）

아직 그대로 놓아 둡시오
（マダソノママオイテ下サイ）

당신 또 무슨 물건을 쓰겠나까
（アナタマダドンナ物ヲオ買ヒニナリマスカ）

헐고 와 오화당
（凡얏트五花糖）

무가지열러서 한근 담읍시오
（二ツ混テ一斤下サイ）

그렇지오 다 되엇슴니다
（カシコマリマシタミナデキアガリマシタヨ）

오늘이 초 맺일엄니까
（キョウガ初何日ニナデス力）

第四十三章 體 拜

진열 주저 今兒初幾
ジンニルチユジ

맛저먼 박보 당아
把這些都包上罷
バジェシエツパシヤンア

변해오 섬미 동서
先那底底用
センナデイヨン

면해 용섭미 동서
您這用底些東西
ニンジエヨンデシエドンシ

향양일 룡 자청이 진
兩样兒均句着秤一斤
リヤンヤンエルジユンジオチオン

상아 저부우라
行呵意都有了
シンアジ

진열 주저
今兒初幾
ジンニルチユジ

오늘이초오일입니다
(キョウガイツカデス)

무슨요일입니까
(ナニ曜日デスカ)

토요일입니다
(土ヨウ日デス)

금요일안입니까
(キンヨウビヂヤナイデスカ)

아닙니다내일이공일인데요
(イイエアシタガキュウビデスヨ)

내일느형오시컷습니까
(アシタアニキ五時デナリヤスカ)

나는올틈이없습니다
(ワタシハヒマガナイデス君)

공일에도 또 무슨일이있단말이오
(ニチョウビニモマタコトガアルノデスカ君)

전렌주우
今天初五
ジンテンチウウ

미지이
禮拜幾呀
リパイジャ

미이웨아
禮拜六啊
リパイリウア

뿌씨리바이우
不是禮拜五啊
プスイリパイウア

부이미엔티바이니
否明天禮拜呢
ブミエンティエンリパイニ

밍텬늬빼부래
明天你來不來
ミンティエンニライアライ

워메궁부
我沒工夫
ウオメヂンブ

리배해우선마색
禮拜還有甚麼事
リパイハイイウソンマスイ

第四十四章　坐車問答

다른일이 있을듯합니다
（ホカノ樣ガアルラシイデス）

您有別的事
スイイウベイディスイ

아무조록 읍시오
（何卒オ出デ下サイ）

你務必來呀
ニイウビイライヤ

당신어디를 가시오
（アナタドコエイキマスカ）

您上那兒去了
ニインサンナエルチウイラ

나는 천진을 갑니다
（ワシハ天津マデイキマス）

我上天津去了
ウオサンテインジンチウイラ

어린애도 돈밧습니까
（小サイ子供ニモオカネトルノデスカ）

小孩子算錢麼
シヤオハイツツアンチエンマ

어린애는 반표지오
（小イ子供ハハンガクデス）

小孩兒是半票
シヤオハイエルスバンピヤオ

얼마동안이나갑니까
（何時間位カカルノデスカ）

走多大工夫呢
ジオウドウダグンブイ

第四十五章　問車時間 (문차시간)

급행차는 제시간쯤 걸립니까
(キウコウレツシャハナンジカンカカリマス)
快車是三点鐘的工夫
コアイヅオスイサンデンヅウンデイコンフウ

그러면 완행차는요
(ソレナラバ普通列車ハ)
那麽慢車呢
ナアマンチユニイ

완행차는 여섯시간쯤 걸립니다
(普通列車ハ六時間カカリマス)
慢車是六点鐘
マンチユスパリウデインヅウン

어느때입니까
(ナンジデスカ)
甚麼時候兒了
シエンマスイホウエルラ

열두시 잔 십분입니다
(レイジ三十分デス)
十二点爾刻了
スイエルデンリヤンヅラ

이 시계가 맞습니까
(コノトケイガアヒマスカ)
還架鐘對不對
ヌオジヤジウン・イブドイ

조금 덜 갑니다
(チョット ネクレテアリマス)
稍微慢一点兒
サオウエイマンイデインエル

第四十六章　到　車站

북경으로떠나는차는어느곳에잇슴니까
(北京行列車ハ何時ニ カリマスカ)

새로한시에둘재차입니다
(午後一時ニ二番目ノ列車デス)

지금가서늦지안켓슴니까
(イマイツテモオソクアリマセンカ,)

능히차시간에미철못합니다
(ウマクキシヤジカンニ間ニ合フサウデス)

구러면나는곧가겟습니다
(ソレナラワシハ今直グイキマス)

당신다음차를기다려서가지오
(アナタツギノキシヤニノツテイキナサイ)

차가아직아니떠낫다
(マダハツシヤシテイナイ)

開北京的車是甚麼時候
カイペイジンディチオフインツンマスイホウ

一点鐘兩班車
イデンジウンリヤンパンチオ

現在走晩不了啊
センザイゾウワンブリヤオア

許能趕得上車
スイノンガンドンチオ

那麼我就要走了
ナマウオジウヤオゾウラ

悠等下邊車再走罷
エインドンシヤツンチオザイゾウパ

車還沒開了
チヨハイメカイラ

一四七

하아요명혼든다
（ハアベルヲナラレテヰル）

당신몇등표를사시렵니까
（アナタ何等ノ切符ヲオ買ジニナリマスカ）

나논일등차로살터입니다
（ワタクシハ一等切符ヲカフツモリデス）

우리대합실에가서앉읍시다
（僕ラ待合室ニイフテ坐リマショウ）

호각을붑니다
（フエヲ鳴ラシマス）

차가끝며나려합니다
（汽車ガイマ直グ發車セントシマス）

우리어서차에오릅시다
（僕ラハヤクキシヤニノリマシヨウ）

당신뒤로조금다거앉으시오
（アナタ後ノ方ニチヨツトオカケナサイ）

하얀라밍다
哈、搖了鈴了
ハヤオラリンラ

된샤마지평퍄
您要打幾等票
ニンヤオタジーンピヤオ

워야따터딍퍄
我要打頭等票
ウオヤオトウドンピヤオ

쩌먼따와처퍙리쭈쭈
偕們到候車房裏坐
ザモンタオホウチオパンリズオオ

처쮸샹캐라
車就要開了
チオジウヤオカイラ

취라쌰라
吹了哨了
チウイラサオ

쩌먼콰이싱아
偕們快上車阿
ザモンコアイサンジヤオ

닌칭칸허뾔견
您請靠後些見
ニンチンカオホウセエル

第四十七章 到客棧

당신어느배로오섯습니까
(アンタドノフネデキマシタカ)

나는보강호모왔습니다
(ボクハホコウゴウデキマシタ)

나에게물한대야주시오
(ボクニミヅヒトタライクンデ下サイ)

가저갑니다
(モッテイキマス)

행장을모두가저오시오
(テニモツヲミナモッテキナサイ)

행장을다가저왔습니다
(テニモツヲ皆モッテキマシタ)

종선선가는얼마요
(コブネワタシダイハイクラデスカ)

번 해 나 쇼 래 이
您隨那他來的
(ニインジュナタオアンタイデイ)

워 쉬 빠 강 쓴 래 더
我隨保康船來的
(ウオズイバオカンチオアンライデイ)

개 워 따 펀 쉐
給我打盆水來
(ゴウオダポンスイライ)

쑹 꿔 취 넌 나
送過去您哪
(スングオクイニインナ)

바 싱 리 따 빤 진 래
把行李都搬進來
(バシンリウベンジンライ)

싱 리 떠 빤 래 라
行李都搬來了
(シンリトウバンライラ)

찬 반 의 쒀 뚸 찬
船板是多見錢
(サンバンスイドエルチエン)

내일섭전입니다
(ヘイニジッセンデス)

메고온삭전은
(モッテ來タ砂物ノ賃銀ハ)

한건에한닥직입니다
(イッケンニッキジッセンツアダス)

第四十八章 開飯 깨반

머운물주전자물가저오너라
(オユスリノヤカンフモッテコイ)

가저왔습니다
(モッテキマシタ)

어느때밥먹느냐
(ナンジゴハンタベサセルカ)

곧밥이됩니다
(スグゴハンガデキマス)

역항전젼
是兩角錢
(スイリャンジャオチニン)

잔머니
攩力哪
(カンリ)

이건우뻐거라데
一件五十個大錢
(イゼンウスイゴタチニン)

나깨두때
拿開壺來
(ナカイフライ)

숑매라뉘이나
送來了您哪
(スンライラニンナ)

섬마야부일깨밥
甚麽時候兒開飯
(ノンマスイボヲルカイハン)

작쥐개난라
這就開飯了
(ジヨジウカイベンラ)

너는길에나가서물건을사다다구
(ナマヘマチニイッデシナモノヲカッチヨットカッテクレ)

무슨물건을사시렵니까
(ドンナ品物ヲ御カヒニナリマスカ)

차반근만사다구
(オ茶半斤ダケカッテクレ)

또무엇슬사시렵니까
(マタナニヲオカヒナサイマスカ)

모수건한개사다오
(マタテヌグイヒトツカッテクレ)

가서잔지잡수섭시오
(イラシャッテゴハンメシアガッテ下サイ)

第四十九章　將出棧

천전가는비가왓슴니다
(天津行ノ船ガツツキマシタ)

뇌개역앵해머편공서
您給我上街賣点東西
ニイウォシャンゼマイデンドンレ

매섬마닉
買甚麼呢
マイソンマ二イナ

째워매반진기에
給我買半斤茶葉
ゴウオマイベンチンチイエ

환매섬마닉
還買甚麼呢
ハイマイソンマニイ

칭케워최쉬진
再給我買塊手巾
ザイゴウオマイコアイソウジン

청궈취최령닉
請過去吃領您
チンゴオチウイチイバンニインナ

쥐덴진극찬매따
去天津的船來了
チウイテンジンデイチオアンライタ

몃시에떠납니까
(何時ニ出帆サレマスカ)
내일첫재벽에떠납니다
(アシタアケマヘニ出帆シマス)
여기서천진가는데
(コチカラ天津ニ行クノニ)
선가가얼맛입니까
(船賃ガ何程デスカ)
일등선가는
(一等ノ船賃ハ)
십이원오십전입니다
(十二圓五十錢デアリマス)
당신어느때배에오르시겟습니까
(アナタイツゴロフネニオノリニナリマスカ)
오늘해저저배에오르겟습니다
(キョウノヒグレニフネニノリマス)

섬마ㅣ학언개
甚麽時候開
シンマスイホウエルカイ
밍텐이청짜오개
明天一清早開
ミンテインイチンザオジウカイ
중저얼따오텐진
從這兒到天津
ジウンジオエルタオテインヅン
둬얼첸듸촨퍄오
多兒錢的船票
ドルチエンディナオアンピヤオ
썅창퍄오
上艙票
サンチャンピヤオ
쉬얼웬우쟈오
十二元五角
スイエルユオンウジヤオ
닌섬마스허얼쌍촨늬
您甚麽時候兒上船呢
ニインソンマスイホウエルサンチオアン呢
진얼거광샤완얼쌍촨
今兒個傍下晚兒上船
ジンエルゴーバンシヤウンエルサンチオアン

第五十章 上 船

당신무슨물건이고사시려면
(アナタドンナモノデモオカウトセバ)

일즉암치작만합시오
(アサハヤクカラオシタクシテ下サイ)

그래라너희가나를배에올녀다오
(ソウカネキミラガボクヲフネニノセテクタレ)

배에오르십시오손님
(フネニオノリ下サイオキヤケノカタ)

염려마십시오
(承知致シマシタ)

어느선창에서배에오르느냐
(ドコノサンバシデフネニノルノカ)

곧여기서입니다
(ココデゴザイマス)

你買甚麼東西
ニインマイソンマドンシ

請早辦罷
チオンザオバンズ&

上船寫老容
サンチオアンヲヱヨ

好你們給我上船
ハオニイモンゴウオサンチオアン

您請放心罷
ニインチンベンシンバ

從那個碼頭上船哪
ツウナゴトウサンチオアンナ

就在這本碼頭
ジウザイジオベンマトウ

젖을 가 무서우니
(젖レデハ困ルカラ)

물방울을뛰여 오르게 말아라
(ミズノシブクガトバナイヤウニシナイ)

큰종선에는
(本ナキ從船ニハ)

물결이 오르지 안습니다
(ナミハアガリマセン)

어느사다리로 올타가느냐
(ドノハシゴデアガルノカ)

창등사다리로 올타가랍시오
(上鯨ノ梯子デアガルナサイ)

배기 곳차 떠납니다
(フネガコレカラ出帆セントレマス)

그려 나 돌아 가거다
(ソウカネオカヘリナサイ)

有怕濕的
イウバスイディ

別进上浪花子
ベポンサンランホアヅ

大船板上
ダブンバンサン

不上浪啊
ブシンランア

從那個梯子上去罷
ツウンナゴトイツサンチオイナ

從官梯子上去罷
ダウイロアントイツサンチサイバ

船快開了
チオアンコアイカイヲ

好、你回罷
ハオニイホイ

第五十一章　船進口(츤진커우)

행로에보중하실시오
（オタイジニイラッシャイマセ）

다녀와서 또만나자
（歸ッテ來ルト又アウサ）

배가항구에들어오는긔를달았다
（フネノウヘニ入港ヲ知ラセル旗ガアガッタ）

배가항구에들어와서닷을주었다
（フネガ港ニ着イテカラヘイカリヲオロシタ）

뭇다에서얼마나됩니까
（陸カラ何程デスカ）

해안에서멀지아니합니다
（海岸カラトホクアリマセン）

한일마장됩니다
（ナヨソ一里位デス）

년이루빠오쯍　您一路保重　エイニイトウベイヂウン
훼래째켼바　回來再見罷　フォイライヅァイヂエンべ
찬양꽈랴오딘커우랴오　船上掛了進口旗了　チオアンサンゴアラジンコウチラオ
찬진커우쌰마오랴오　船進口下錨了　チオアンジンコウシャマオラオ
꺼안쌍유둬왼늬　隔岸上有多遠呢　ゴアンザンイウドオユオインニイ
리안뿌왼　離岸不遠　リアンブユオイン
유이미차띄　有一里茶地　イウイリチャディ

第五十二章　客棧人(객쥬)

선가가얼마나됩니까
(ワタレフネチンハイクラデスカ)

한사람에불과이십전입니다
(ヒトリマヘニフクヮニ十錢デアリマス)

당신은어디까지가시오
(アナタハドコマデイキマスカ)

나는영국조계까지갑니다
(ワタクレハ英國ソカイマデユキマス)

객주집사람있슴니다
(ヤドヤノモノガ參リマシタ)

배에서내리십시오, 손님
"フネカラオオリ下サイマセオキャクノカ"

넘은어느집이냐
(キミハドコノカタ)

배쮜얼쳰
得多兒錢
デイドオエルチェン

이거면부커량잘쳰
一個人不過兩角錢
イゴレングオリヤンジャオチエン

닌따나리취
您到那裏去
ニンダオナリチウ

워따잉쿼주계
我到英國租界
ウオダオインクオチウ界

커짠듸연쌍매랴
客棧的人上來了
コヂンデイレンサンライヤ

싸한바, 랄커
下想罷、老客
シャチオアンバラオ

닌싁나이쟈
您是那一家
ニスィナイジャ

第五十三章 土地問答（토디문답）

성남잔객주입니다
（セイナンザンヤドデゴザイマス）
我是屋南棧
ウホスイシンナンザン

어느길에있느냐
（ドノカエアルカネ）
居南棧在那條街
シンナンザンザイナナトヤカ

큰대마로큰길쪽입니다
（國ガサマ大馬路西ノ方デゴザイマス）
就在大馬路西頭
ジウザイマタマルトウ

녀보아라나의행장이모두열두가지다
（キミタへボクノ手荷物ガミナ十二個ぐ）
您瞧我的行李一共十二件
ニンチャオオデイシンリイゴンスイニイヱン

당신먼저배내서내리십시오
（アナタオサキニフネカラオリ下サイマセ）
您先下船
ユインセンシャチアン

행장은제가해관에검사해드리겟슴니다
（手荷物ハワタクシが税關ニモッチ行ッテ檢ヲウケテオキマス）
行李我給您驗關
シンリウオゴイインデンスイェル

내가당신에게좀물을말이있슴니다
（ワタシハアンタニケョットオタヅネシタイコトガアリマス）
我打聽您点事兒
ウオタトインユインデンスイェル

무슨일이오말씀하시오
(ドノコトデスカ伊シャッテ下サイ)

끝으니까땅이있어
(キケベト土地ヲガアルト)

팔다하니참말입나까
(ウルトイウヒワツハガホントウデスカ)

그럿습니다
(左様デス)

다갈지안슙니다
(ミナ同ジクアリマセン)

여기서한무지에얼마나됩니까
(コロデハ二百四十ッポニイクラデスカ)

땅사기에달렷습니다
(土質二依ッテチガヒマス)

여기지무는명목의어떤것임니까
(ヨコノ地飲トイフハスナホ ナモノデスカ)

甚麼事情請說罷
ソンマスイチンチンスオパ

聽說有塊地
トインスオイウコアイディ

要賣是眞的麼
ヤオマイズイソンディマ

不錯
ブチウオ

遣邊一畝地得多銀
ジオペンイムティイドオエルチニン

不一樣
ブイヤン

當看買甚麼樣兒的地
ダンカンマイソンマヤンエルディ

這邊的地欲怎麼個名呢
ジオペンディディムソンマゴミン ユイ

第五十四章　接客

한무지가하루갈이인데
(ヒト歘地ガ一日耕ニナルモノデスカ)

속명으론일천지라합니다
(俗名デハ一天地トイフノデス)

오늘한가하십니까
(キヨウハオヒマデスカ)

오늘이공일입니다
(キヨウガ日ヨウビデス)

차자시오
(オチヤヲオ上リナサイ)

편이계십지오
(オラクニシテ下サイ)

당신의시간을방해했읍니다
(アナタ時間ヲ潰シテ失體シマシタ)

이무뒤에이덕의
一献地為一日地
イムディエイリデイ

부밀잡이랜킈
俗名叫一天地
スウミンジヤオイテインデイ

진렌셩저야
今天閑着呀
ジンチンセンジオヤ

진널거리빼
今兒個禮拜
ジンエルゴリパイ

자야
喝茶呀
ホチアヤ

닌힝뻰바
您詩便罷
=インチンペンバ

세十년퇴공부야
就誤您的工夫啊
ダンウーニンデイグ ンア

나는한가합니다
(ワタクシヘヒマデアリマス)
다른날또와서말슴듯겟슴니다
(何レ又キテオハナシヲ伺ヒマセヨン)

원헨저여버니
我閑若没事呢
ウオセンジオメスイニ
개현에 다시잘바
改天再次領教諟
ガイテンザイタイリンジャオベ

昭和十四年六月十五日　印刷
昭和十四年六月二十日　發行

（内鮮滿洲語自通）

㊞　定價　壹圓

不許複製

著作兼　金　松　圭
發行者　京城府鍾路區鍾路六丁目八一番地

印刷人　趙　仁　穆
京城府鍾路區堅志町三二

印刷所　漢城圖書株式會社
京城府鍾路區堅志町三二

發行所　南　昌　書　舘
京城府東大門區新設町一三二ノ五五
振替京城二四五〇一番

"早期北京話珍本典籍校釋與研究"
叢書總目錄

早期北京話珍稀文獻集成

（一）日本北京話教科書匯編

《燕京婦語》等八種	四聲聯珠
華語跬步	官話指南·改訂官話指南
亞細亞言語集	京華事略·北京紀聞
北京風土編·北京事情·北京風俗問答	
伊蘇普喻言·今古奇觀·搜奇新編	

（二）朝鮮日據時期漢語會話書匯編

改正增補漢語獨學	修正獨習漢語指南
高等官話華語精選	官話華語教範
速修漢語自通	無先生速修中國語自通
速修漢語大成	官話標準：短期速修中國語自通
中語大全	"內鮮滿"最速成中國語自通

（三）西人北京話教科書匯編

尋津錄	北京話語音讀本
語言自邇集	語言自邇集（第二版）
官話類編	言語聲片
華語入門	華英文義津逮
漢英北京官話詞彙	北京官話：漢語初階
漢語口語初級讀本·北京兒歌	

（四）清代滿漢合璧文獻萃編
清文啓蒙　　　　　　　　　清話問答四十條
一百條・清語易言　　　　　清文指要
續編兼漢清文指要　　　　　庸言知旨
滿漢成語對待　　　　　　　清文接字・字法舉一歌
重刻清文虛字指南編
（五）清代官話正音文獻
正音撮要　　　　　　　　　正音咀華
（六）十全福
（七）清末民初京味兒小説書系
新鮮滋味　　　　　　　　　過新年
小額　　　　　　　　　　　北京
春阿氏　　　　　　　　　　花鞋成老
評講聊齋　　　　　　　　　講演聊齋
（八）清末民初京味兒時評書系
益世餘譚——民國初年北京生活百態
益世餘墨——民國初年北京生活百態

早期北京話研究書系
早期北京話語法研究
早期北京話語法演變專題研究
早期北京話語氣詞研究
晚清民國時期南北官話語法差異研究
基於清後期至民國初期北京話文獻語料的個案研究
高本漢《北京話語音讀本》整理與研究
北京話語音演變研究
文化語言學視域下的北京地名研究
語言自邇集——19世紀中期的北京話（第二版）
清末民初北京話語詞彙釋